会社が教えてくれない

サラリーマンの税金の基本

JN240341

AIC税理士法人
金﨑定男

日本能率協会マネジメントセンター

はじめに

　新型コロナウイルスを契機とした世界的な物価高、円安に加え、日本では平成初期から30年以上にわたりサラリーマン（※）の平均給与が十分に上昇していない（物価高に追いついていない）状況にあります。2024年に定額減税（一人当たり４万円の減税）が実施されましたが、多くのサラリーマンの生活は依然厳しいと言わざるを得ません。

　デフレが続き、モノの値段がほとんど上がらないのであれば、給料が上がらなくても生活はできますが、この２〜３年、円安の影響も重なり、食品、光熱費、ガソリン、その他多くの生活必需品の価格が上昇しています。このような状況下で、私たち自身の生活を守るため、サラリーマンであっても正しい税金、社会保障制度の知識を得て、税金対策を行い、少しでも自由に使えるお金を増やすことが不可欠です。

　えっ、ちょっと待って……。

　税金というのは国民一人一人に公平にかかっているから、サラリーマンは個人事業者のように必要経費が認められていないし、……節税の余地なんかあるの？？？　といった疑問を抱く方も多いと思います。しかも、サラリーマンの多くは、源泉徴収制度のもとで、毎月の給与から税金が天引きされ、毎年12月に年末調整という手続きを通じて、勤務先の会社が本人に代わって税金計算を行います。したがって、多くのサラリーマンは自分自身の税金計算を行うことはありませんし、計算の仕組み

も理解していません。

　毎年確定申告をする手間が省けてうれしいかもしれませんが、ここに落とし穴があります。実は、年末調整が終わっている人でも確定申告をすれば税金が戻ってくる、すなわち、税金を還付できるケースが存在します。にもかかわらず、所得税の計算の仕組みを理解していないため、確定申告をすれば確実に戻ってくる税金の還付金を受け取っていない方が多数存在するというのが現状です。

　本書は、税金対策の効果が見込める主に年収500万円以上のサラリーマン向けに、この業界で30年以上の経験を積んだ筆者が税金に対する考え方を説明しつつ、合法的に支払う税金を減らし、いかに自由に使えるお金（可処分所得）を増やすかについての考え方をまとめたものとなります。したがって、細かな税金の計算は最小限にとどめ、考え方、視点の説明に重点を置いています。説明にあたっては、できるだけ具体例を示し、数字が苦手な方も理解できるように工夫しました。

　第1章では、税金の定義を考えてみることからスタートし、サラリーマンにどのような税金がかかっているかを明らかにします。この章をお読みいただければ、一般的なサラリーマンが毎月会社から受け取っている「給与明細」の各項目の意味、読み方がわかるようになります。節税を考える前に、まずは、ご自身の収入とご自身が納めている（広義の）税金について、基本的な知識と知恵を持つことは、有効な節税対策を実行するための第一歩になります。また、個人の税金と言えば、国税である所得税と地方税である住民税を指すことが一般的ですが、健康保険料、厚生年金保険料、労働保険料なども給与から強制的

に天引きされていることから広い意味での税金ととらえ、公認会計士・税理士・社会保険労務士の３つの資格を有する筆者が税法、社会保険、労働保険の各分野にわたり、各制度のしくみを解説しています。

　第２章以降は、具体的な項目や事例ごとに、様々な考え方や制度の説明をしていますので、順序だてて読んでいただく必要はなく、興味のない部分は読み飛ばして、ご自身の状況に近いもの、興味のある項目について、読み進めていただいて問題ありません。

　第２章では、サラリーマンができる具体的な節税策のうち、代表的な節税策３つについてご紹介するとともに、それぞれの対策につき、どの程度の節税効果が出るのかについても言及します。

　第３章では、確定申告をすることにより可能となる節税策として医療費控除、住宅ローン控除、その他の方法を紹介します。

　第４章では、少し特殊な確定申告のケースを紹介し、どのような点に注意すれば賢い節税ができるかを解説します。

　第５章では、過去に筆者が経験した事案をもとに、現実に近い節税対策事例を紹介します。

　本書は、普段税金のことなどあまり考えたこともないサラリーマンの皆さんに向けて執筆しました。したがって、本書を読んでいただくと、ご自身が現在どの程度の税金を支払っているかを自身で調べてみることができるようになります。また、どのような方法で税金を節約できるか、どうすればもっとお金を残せるか、といった考え方を提供しています。無理なく無駄なく節税を行い、余裕資金を生み出して、これまでよりもちょっ

ぴりお金を残せるようになることを目標に執筆しました。

　説明にあたっては、できるだけ具体的なイメージがわきやすいように事例形式で説明を加え、金額設定をして、具体的にいくら節税できるのかを解説するようにしました。

　読者の皆様にとって、本書を通して一つでも有効な節税の考え方をご提供できたら、望外の喜びです。

2024年8月

AIC税理士法人
金﨑定男

※本書で使用している「サラリーマン」には、男性、女性の両方を含みます。近年は、性別を問わない「ビジネスパーソン」という言葉がよく使われますが、本書では対象を会社から給料（＝サラリー）をもらっているビジネスパーソンに限定しているため、その意味を持つ「サラリーマン」を使っています。また、ほぼ同じ意味で「会社員」も使っています。

※サラリーマンとは、一般的には雇用主から給与を得て生活している人のことを言いますが、本書では、会社役員であっても法人から給与を受け取って仕事をしている場合には広義のサラリーマンとします（いわゆる「オーナー社長」も含む）。

※本書の記載内容は特段の言及がない限り2024年8月現在のものです。くわえて、税金その他の計算は、2024年8月現在有効な日本の税法、厚生年金法、健康保険法、雇用保険法等の関連法規をもとに記載しています。

※本書では、節税対策の一環として、iDeCoやNISAなどの株式投資の紹介をしています。これらの制度は、節税効果はあるものの、元本割れ等のリスクを伴いますので、具体的な商品の選択にあたっては、自己責任でお願いします。

CONTENTS

第5章 ケース別 節税事例

ケース 5

64歳（男性）、年収1100万円
（給与年収300万円、不動産収入800万円）
地方在住、独身・賃貸住み

節税事例 不動産所得、小規模企業共済、年金繰下げ

ケース 6

40歳（男性）、夫婦の年収1250万円
（自身は700万円、配偶者年収550万円）
子供1人（中1）、現在は3世帯同居だが、
夫婦+子供が住む家の購入予定あり

節税事例 住宅ローン控除（ペアローン）

ケース 7

49歳（男性）、年収2040万円（妻は専業主婦）
外資系金融勤務、子供1人（社会人）

節税事例 ふるさと納税

第 **1** 章

まずは自分の収入と
税金額を知ろう

この章を読んでいただくと次のことがわかります

▶ 給与からどのような税金、保険料が天引きされているか

▶ 所得税、住民税、社会保険料などの仕組み

▶ 所得レベルに応じていくらぐらいの税金が発生するか

▶ 税金対策のヒント

1 自分自身の収入を把握しよう

　サラリーマンにとって、自分の収入を正確に把握することは、節税の第一歩です。多くの人は給与明細を受け取る際、その詳細を確認していません。自分の預金通帳に振り込まれた支給金額を確認する程度でしょう。しかし、毎月の収入とそこから天引きされている項目を理解することは、非常に重要です。

　まずは、自分の年収を確認しましょう。年収とは、1年間に得た総収入を指します。これは給与、賞与、各種手当などをすべて合計した金額です。年収を知ることは、自分の経済状況を把握するための目安になり、どの程度の税金が課されるかを知るためにも重要です。

源泉徴収票の確認

　年収を確認するために、給与明細、賞与明細1年分を合計してもいいですが、もっと簡単な方法があります。それは、勤務先が毎年、年末・年始前後に発行する「源泉徴収票」を確認することです。源泉徴収票を見れば、年収だけでなく所得税や社会保険料の年間支払額も確認することができます。

　もし、お手元に昨年分の源泉徴収票があれば、一度ご覧になってください。WEB上で管理されている場合には、ネット上の情報をご確認ください。細かい字がたくさん並んでいるので、数字の苦手な方は見るのも嫌になるかもしれませんが、とりあ

［図表1-1］源泉徴収票

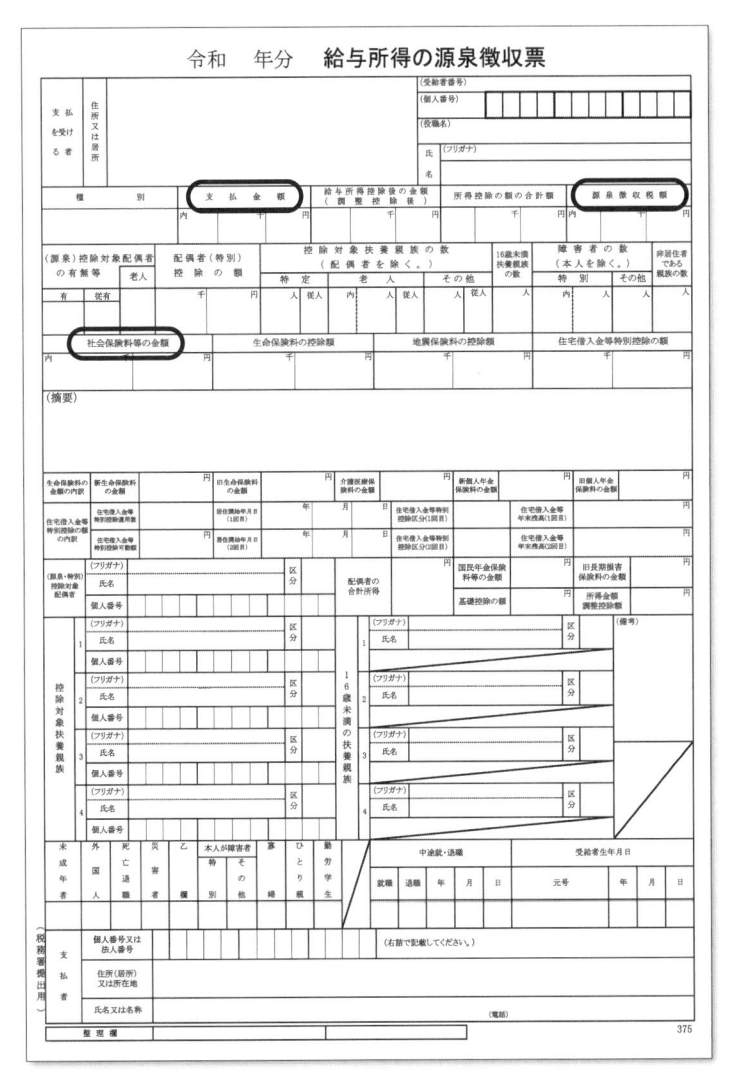

※囲みは著者作成

えず見るべき部分は、上部左側の「支払金額」欄、上部右側の「源泉徴収税額」欄、支払金額欄の左下の「社会保険料等の金額」欄です。

支払金額欄には、1月から12月までの給与（各種手当を含み、通勤手当は除く）および賞与の合計金額が記載されており、ここに記載されている金額が、あなたの年収となります。

源泉徴収税額欄には、会社が実施した年末調整結果を反映し、天引きされた年間所得税額となります。

社会保険料等の金額欄には、1月から12月までの1年間に天引きされた社会保険料（健康保険料、介護保険料、厚生年金保険料）と、雇用保険料の合計金額が記載されています。

2 給与から天引きされている項目を把握しよう

　一般に、給与明細は加算項目（支給項目）と控除項目（天引き項目）の2種類で構成されています。それぞれ以下に示すような項目があります（月給制の会社を前提としています）。

　ここでは、あなたの給与明細をお手元に置きながら、読み進めていただくとわかりやすいと思います。

1　給与明細の加算項目（支給項目）

1）基本給

　会社で働く際の基本となる月額給与です。

2）役職手当

　社内で何らかの役職に就いている場合に支給される手当となります。呼び方は、役職手当のほかに、課長手当、部長手当など役職名のついた名称で表現される場合もあります。

3）営業手当

　営業担当者に対して支給される手当です。会社によっては、みなし残業手当を含むこともあります。また、開発・マーケティング職など、営業職以外にも支払われることがあります。

4）地域手当

　勤務地域により、衣、食、住の物価が異なることから、物価の高い地域に居住する従業員に対して、地域手当を支給する場

合があります。

　国家公務員の場合には、次のような様々な地域手当があります。

・地域（都市）手当
・広域異動手当
・特地勤務手当
・寒冷地手当

5）住宅手当

　住宅手当は、賃貸住宅に居住している社員や、持ち家であっても住宅ローンを支払っている社員に対して支給されることがある手当です。

6）扶養手当

　本人に扶養親族がいる場合に会社から支給される手当で、金額や支給条件は、企業によって異なります。家族手当などと呼ぶ場合もあります。

7）残業手当

　通常の勤務時間を超過して勤務した場合に支給される手当となります。労働基準法によりすべての会社に義務付けられている手当となります。

　残業手当には次の種類があります。

・通常残業手当
　1日8時間を超える労働、または、1週間に40時間を超える労働を行った従業員に、1時間当たり25%以上の割合を加算した賃金を支給します。

・深夜業務手当

　22時（午後10時）を超えて翌朝5時までの時間に働いた部分につき1時間当たり25％以上の割合を加算した賃金を支給します。深夜業務が法定時間外残業になっている場合には、25％＋25％＝50％の割増賃金となります。

・休日出勤手当

　法定休日に働いた時間に対して、1時間当たり通常賃金の35％以上を加算した賃金を支給します。

8）通勤手当

　自宅から会社（就業の場所）までの交通費を通勤手当として支給する場合があります。多くの会社では通勤手当を支給しています。なお、上記2）～8）の各手当は、残業手当を除き、法律で強制されているわけではなく、各企業の任意となっています。

2　給与明細の控除項目（天引き項目）

1）健康保険料

　病院に行くなど健康保険制度を適用する医療サービスの提供を受けた場合、健康保険加入者およびその扶養家族は、大多数の方は本来の医療費の3割の金額を支払うこと（7割引）になります。このような健康保険制度の適用を受けるために支払うのが健康保険料です。

2）介護保険料

　介護保険料は、介護費用の公的負担を賄うための保険料です。

3）厚生年金保険料

厚生年金を受け取るための掛金であり、サラリーマンの場合には厚生年金保険料を支払うことにより、自動的に国民年金にも加入していることになっています（厚生年金に加入している人は、国民年金保険料の支払いは不要）。

4）雇用保険料

雇用保険は、失業中の求職者に対し失業手当を支給するための保険となります。保険料率は、勤務する会社の業種などにより異なる場合がありますが、一般には、給与から差し引かれる雇用保険料は、給与総額（通勤手当を含む）に対して0.6％となります。健康保険料や厚生年金保険料と比較して負担割合は小さいと言えます。

5）源泉所得税

月々の給与総額（通勤手当を除く）から、社会保険料等の控除金額を差し引いた残りの金額に対して、源泉所得税の金額を計算します。この際に、対象者本人の扶養家族の人数に応じて、天引きする源泉所得税の金額が変わってきます。

源泉所得税の金額の算出方法としては、源泉所得税の月額表を用いて求めるのが一般的です。

図表1－2の源泉徴収税額表（一部抜粋）をご覧ください。例えば、月額給与550,000円のサラリーマンの社会保険料控除後の給与金額が467,000円であり、本人の扶養親族が2名と仮定すると、表の467,000円以上470,000円未満の横軸を見て、甲欄の扶養親族等の数が2人の縦軸とつなぎ合わせると15,670円となります。この金額が、今月の給与から徴収すべき源泉所得税額となります。

月々の給与から徴収する源泉所得税は、確定した税額ではな

く、概算金額による徴収となります。毎年12月に会社の給与計算担当者が1月から12月までの1年間の各社員の給与・賞与を合計して年間の総収入を合計し、そこから控除できる金額（社会保険料控除、生命保険料控除、扶養控除など）を差し引いてさらに税率をかけて支払うべき税額を計算します。そして源泉所得税の取りすぎがあれば該当の社員に払い戻し（還付）します。このような年1回年末に行う手続きを「年末調整」と言います。

［図表1-2］源泉徴収税額表（一部抜粋）

（四）　　　　　　　　　　　　　　　　　　　　　　　　　　　　　　　（440,000円〜589,999円）

その月の社会保険料等控除後の給与等の金額		甲								乙
		扶 養 親 族 等 の 数								
		0 人	1 人	2 人	3 人	4 人	5 人	6 人	7 人	
以 上	未 満	税					額			税 額
円	円	円	円	円	円	円	円	円	円	円
440,000	443,000	20,090	16,700	13,470	10,240	7,650	6,030	4,420	2,800	113,600
443,000	446,000	20,580	16,950	13,710	10,490	7,770	6,160	4,540	2,920	115,400
446,000	449,000	21,070	17,190	13,960	10,730	7,890	6,280	4,670	3,040	117,100
449,000	452,000	21,560	17,440	14,200	10,980	8,010	6,400	4,790	3,170	118,700
452,000	455,000	22,050	17,680	14,450	11,220	8,140	6,520	4,910	3,290	120,500
455,000	458,000	22,540	17,930	14,690	11,470	8,260	6,650	5,030	3,410	122,200
458,000	461,000	23,030	18,170	14,940	11,710	8,470	6,770	5,160	3,530	123,800
461,000	464,000	23,520	18,420	15,180	11,960	8,720	6,890	5,280	3,660	125,600
464,000	467,000	24,010	18,660	15,430	12,200	8,960	7,010	5,400	3,780	127,300
467,000	470,000	24,500	18,910	15,670	12,450	9,210	7,140	5,520	3,900	129,000
470,000	473,000	24,990	19,150	15,920	12,690	9,450	7,260	5,650	4,020	130,700
473,000	476,000	25,480	19,400	16,160	12,940	9,700	7,380	5,770	4,150	132,300
476,000	479,000	25,970	19,640	16,410	13,180	9,940	7,500	5,890	4,270	134,000
479,000	482,000	26,460	20,000	16,650	13,430	10,190	7,630	6,010	4,390	135,600
482,000	485,000	26,950	20,490	16,900	13,670	10,430	7,750	6,140	4,510	137,200
485,000	488,000	27,440	20,980	17,140	13,920	10,680	7,870	6,260	4,640	138,800
488,000	491,000	27,930	21,470	17,390	14,160	10,920	7,990	6,380	4,760	140,400
491,000	494,000	28,420	21,960	17,630	14,410	11,170	8,120	6,500	4,880	142,000
494,000	497,000	28,910	22,450	17,880	14,650	11,410	8,240	6,630	5,000	143,700
497,000	500,000	29,400	22,940	18,120	14,900	11,660	8,420	6,750	5,130	145,200
500,000	503,000	29,890	23,430	18,370	15,140	11,900	8,670	6,870	5,250	146,800
503,000	506,000	30,380	23,920	18,610	15,390	12,150	8,910	6,990	5,370	148,500
506,000	509,000	30,880	24,410	18,860	15,630	12,390	9,160	7,120	5,490	150,100
509,000	512,000	31,370	24,900	19,100	15,880	12,640	9,400	7,240	5,620	151,600
512,000	515,000	31,860	25,390	19,350	16,120	12,890	9,650	7,360	5,740	153,300

※囲みは著者作成　　出所：国税庁

6）住民税

　住民税は、本人が住んでいる市町村に直接支払うべきものですが、サラリーマンの場合には、各市町村が、住民が働いている会社に対して各従業員の住民税の金額を年1回5月頃に通知し、会社が各従業員の給与から天引きして、各市町村に支払うという制度になっています。これを「特別徴収」と呼びます。

　所得税も住民税も個人に対する税金なので、本来は各自で確定申告をして、各個人が国もしくは自治体に納付すべきものですが、所得税については源泉徴収制度、住民税については特別徴収制度があるため、会社が給料から強制的に天引きし、本人に代わって国または自治体に納めることにより、税金の徴収漏れや未払いの発生率が少なくなっています。

3 年収に応じた税金は どれぐらいかかるか

　年収に応じて、所得税や住民税の額は変わります。特に所得税は、累進課税となっており、収入が多いほど高い税率が適用されます。

　では、給与所得者を前提にして、年収レベルに応じて、所得税、住民税の負担がいくらぐらいになるかを見ていきましょう。

　会社員の所得税、住民税を計算する場合に、扶養親族が何名かにより、計算結果が変わってきます。また、社会保険料のうち、介護保険料は40歳以上の会社員が対象になりますので、40歳未満か40歳以上かで社会保険料の負担金額も変わってきます。まずは40歳未満で扶養親族なしのケースで、見ていくことにしましょう。

　特別な対策を行っていない場合の年間収入に応じた所得税＋住民税の負担金額は、図表1-3のようになります（住民税は、支払いのタイミングが所得税に比べて1年遅くなるため、所得の変動がほとんどない場合を想定して上記のシミュレーションを行っています）。

　例えば、年収250万円の会社員の所得税および住民税は、年間約12万円となります。年収に対する負担割合としては、約5％になります。

　年収に対する税額の負担割合［（所得税＋住民税）÷年収］

40歳未満、扶養家族なし

（金額の単位は万円）

年収	250	400	500	600	700	800	1,000	1,500	2,000
所得税＋住民税	12	26	37	51	68	91	137	302	513
（所得税＋住民税）÷年収	5%	6%	7%	8%	10%	11%	14%	20%	26%

※なお、表には表示されていませんが、月額2万円程度の通勤交通費が支給される前提で税額計算をしています。また、社会保険料なども給料から控除され、税金計算に反映されています。

は40歳未満のサラリーマンで年収700万円程度であれば実質税率10％となり、年収800万円以上になると税負担率は年収に対して11％以上となってきます。そして、年収2000万円程度になると年収の4分の1程度の税負担額になります。

　現実には、所得税、住民税のほかにも、健康保険料、厚生年金保険料、雇用保険料などを控除されるため、手取り金額はさらに減少します。

　この項では、所得税が累進課税になっているため、所得が増加すればするほど税負担割合が増加するということをご理解いただければ結構です。

　社会保険料なども含めて、全体としてどの程度天引きされるかについては、46ページ（1章6）で改めてもう少し細かく見ていくことにします。

[図表1-4] 年収別の所得税・住民税（40歳以上）

40歳以上、扶養家族なし

（金額の単位は万円）

年収	250	400	500	600	700	800	1,000	1,500	2,000
所得税＋住民税	12	25	36	50	67	89	135	298	511
（所得税＋住民税）÷年収	5%	6%	7%	8%	10%	11%	13%	20%	26%

　図表1－4は40歳以上のケースです。40歳以上になると、社会保険料として介護保険料を徴収されるため、40歳未満の会社員と比較して、収入に対して約1％弱の介護保険料負担が増えます。その影響で、所得税と住民税は40歳未満の方に比べてほんの少しだけ低い金額になりますが、それほど大きな差は生じません。

4 所得税の仕組みを理解しよう

　所得税の計算方法を理解することは、節税対策を考えるうえで重要です。そのためここでは、所得税の計算の仕組みを解説します。

　ただし、税金の計算は複雑ですので、数字が苦手な方はそんなものかという程度で、計算式の説明の部分については適当に流していただいて結構です。細かな計算の説明は理解できなくても税金を考えるうえでそれほど影響を与えるわけではありません。

1　所得とは（課税所得と非課税所得）

　最初に少し考えてみてください。法律（所得税法）で言うところの「所得」とは何でしょうか？

　収入のことでしょうか？　サラリーマンで言えば、給料のことでしょうか？

　正確には収入と所得は同じではありません。所得の種類に応じて計算方法が異なりますが、一般化すると、以下のようになります。

所得＝収入－必要経費

例えばサラリーマンであれば、給料・賞与（収入）から、必要経費相当額を差し引いた金額が所得となります。

　次項では、所得税がかかってくる所得の種類について、その種類ごとに簡単に解説しますが、その前に、非課税所得について少し説明しておきます。

　非課税所得は、国の政策的な理由等で、非課税として取り扱われており、所得税が課税されない所得です。

　なじみのあるものを中心に非課税所得の一部を紹介します。

・サラリーマン（会社員）が受け取る出張旅費（日当を含む）
・サラリーマン（会社員）が受け取る通勤手当
・NISA の利用による株式等の配当
・NISA の利用による株式等の売却益（キャピタルゲイン）
・宝くじの当選金
・住民税非課税世帯等への給付金
・遺族基礎年金、遺族厚生年金
・障害基礎年金、障害厚生年金
・障害保険金
・慰謝料、見舞金
・火災など、資産の損害により支払いを受ける損害保険金
・生活保護の給付金
・相続又は遺贈による財産の取得（所得税の対象にはなりませんが、「相続税」または「贈与税」という別の税金がかかる場合があります）

2 所得の種類

　所得税法では、所得を10種類に分類し、各種類の所得に対して税金計算をするため、それぞれどのような種類の所得に区分されるかが重要となります。

　ここでは、所得税法で定められている10種類の所得を紹介します。なお、所得を10種類に区分する目的は、税額計算の方法をそれぞれの所得の種類に応じて規定するためです。

1）利子所得

　預貯金の利子、社債などの債券の利子として受け取った金額です。公社債投資信託等の収益の分配金についても、利子所得となります。日本国内で発生し受け取ったものは、通常、一律15.315％の源泉徴収、および５％の地方税が差し引かれ、この源泉徴収により納税が完結することになるため、確定申告をすることはできません。これを「源泉分離課税」と呼んでいます。

　ただし、国債、地方債、外国国債、上場公社債などの特定公社債については、申告分離課税として確定申告するか、もしくはしないかを選択することができます。

2）配当所得

　配当所得とは、株式会社などの株主が出資している法人から受ける利益の配当などを言います。株式投資信託の収益の分配についても配当所得となります。実際に配当として支払う金額（源泉徴収前）が配当所得になりますが、株式等の購入にあたって借入をした場合には、借入金の利息を控除した金額が配当所得になります。

3）不動産所得

　不動産所得とは、土地・建物を他人に貸し付けることによる地代収入や家賃収入を言います。例えばサラリーマン大家さんの家賃収入なども不動産所得に分類されます。

　収入を得るために支出した必要経費を差し引くことができ、収入－必要経費の金額が不動産所得の金額になります。

不動産所得＝収入金額－必要経費

　不動産所得のある人は、青色申告を選択することにより、青色申告特別控除という追加的な所得控除を受けることができます。青色申告特別控除の申請をして承認を受ければ、サラリーマンの副業程度であれば10万円、事業的規模を有している場合には55万円または65万円の青色申告特別控除を受けることができます。

4）事業所得

　個人事業を行っている人の所得（利益）が事業所得になります。商店街の小売店や個人経営のコンサルタント、税理士、司法書士などの比較的小資本で始められる事業が個人事業となる場合が多いです。事業所得についても、不動産所得と同様に青色申告特別控除の申請が可能です。

　事業所得の計算式は、次の通りです。

事業所得＝事業収入－必要経費

---

5) 給与所得

　サラリーマンが会社から給与・賞与などの名目で労働の対価として受け取る金銭または金銭に準じるものは、給与所得になります。サラリーマンの場合、必要経費はほとんど会社から補填されることになりますから、個人事業者のように自由に経費を計上することはできません。

　ただし、給与収入金額に応じて一定の控除を受けることができます。例えば、出張旅費などは会社から補填されますが、スーツ代や靴代などは、ユニフォームを支給している会社を除き、たいていのサラリーマンは自腹で購入していますので、必要経費がまったくないというわけではありません。そこで、所得税法では、一定のルールに基づき必要経費相当額を認めましょうという趣旨で、「給与所得控除」を差し引くことができます。

　給与所得を算出するための計算式は、次のようになります。

**給与所得＝給与収入－給与所得控除額－
所得金額調整控除** （注1）

（注1）　特定の条件が満たされた場合にのみ適用できる比較的特殊な控除になりますので、第4章3で説明します。

　これらの計算は、毎年年末調整の際に会社の給与計算担当者が行いますので、各個人が実際に行うことはないですが、計算構造を理解していただくことは重要なので、給与所得控除額をどのように計算するかを説明します。図表1－5をご覧ください。

[図表1-5] 給与所得の速算表

給与等の収入金額 (給与所得の源泉徴収票の支払金額)	給与所得控除額
1,625,000円 まで	550,000円
1,625,001円 から 1,800,000円 まで	収入金額 × 40% − 100,000円
1,800,001円 から 3,600,000円 まで	収入金額 × 30% ＋ 80,000円
3,600,001円 から 6,600,000円 まで	収入金額 × 20% ＋ 440,000円
6,600,001円 から 8,500,000円 まで	収入金額 × 10% ＋ 1,100,000円
8,500,001円 以上	1,950,000円 (上限)

(注) 同一年分の給与所得の源泉徴収票が2枚以上ある場合には、それらの支払金額の合計額により上記の表を適用してください。

出所：国税庁「給与所得控除」

給与等の金額（通勤交通費は含まない年間の総額）が162.5万円までであれば、55万円が給与所得控除額になります。

例えば、年収150万円の人の給与所得控除額は55万円ですから、その人の給与所得の金額は以下のようになります。

150万円−55万円＝95万円

年収500万円の人の場合は、図表1−5に当てはめると、3,600,001円から6,600,000円までの範囲になるので、給与所得控除額は以下のようになります。

$$\boxed{500万円×20\%＋44万円＝144万円}$$

　よって、年収500万円の場合、給与所得の金額は500万円－144万円＝356万円となります。

　図表1－5で示すように、年収850万円を超えると一律195万円が給与所得控除額となります。

6）退職所得

　退職所得とは、勤務していた会社を退職した場合に発生する所得です。いわゆる退職金をもらった場合を想定してください。

　退職金は、会社の退職給与規定に基づき退職した役員・従業員に支給されますが、企業が任意に定めることができるため、会社に退職金制度がない場合には発生しません。

　また、社会保険または共済の各制度から受ける一時金も退職所得となります（一時金ではなく年金で受け取る場合には、退職所得ではなく雑所得となります）。

　退職所得は、比較的多額の金銭を受けることになる場合が多く、また、老後の生活をしていくうえであまり多くの税金を負担させるのは適切ではないため、他の種類の所得に比べて控除金額が大きいという特徴があります。

　退職所得の計算は次の通りです（ただし勤続年数が5年を超える場合）。

$$\boxed{退職所得＝(収入金額－退職所得控除額)×1／2}$$

上記の退職所得控除額は、勤続年数が20年以下の場合には、１年当たり40万円の控除、勤続年数20年を超える年数については、１年当たり70万円の退職所得控除を受けることができます。

　そして、退職金収入から退職所得控除額を控除した金額に対し、さらに２分の１をかけた金額が、退職所得になります。

7）山林所得

　山林の伐採または譲渡による所得です。ただし、山林を取得してから５年以内に行った伐採または譲渡については、山林所得とならず事業所得または雑所得になります。

　計算式は次の通りです。

山林所得＝総収入金額−必要経費−特別控除（最高50万円）

　青色申告の場合には、上記計算式の特別控除（最高50万円）とは別に青色申告特別控除があります。

　なお、山林所得の税額計算は、分離課税により計算され、かつ、５分５乗方式という特殊な税額計算が適用されます。５分５乗方式では、原則的な税額計算方式と比較して低い税額になります。

8）譲渡所得

　譲渡所得とは、資産の譲渡によって生じた所得です。対象となる資産に応じて、計算方法や税率が異なります。

　譲渡所得の対象となる資産としては、次のようなものがあり

ます。

- ・土地、建物などの不動産
- ・株式、有価証券
- ・機械、車両などの有形固定資産
- ・特許権、実用新案権などの無形固定資産
- ・ゴルフ会員権、書画骨董品、金地金など

　なお、上記の資産の譲渡であっても、譲渡所得とならず他の所得に分類される場合があるため、その都度、個別に判定する必要があります。
　原則としては譲渡所得の計算式は次の通りですが、対象資産やそのときの状況により、各種税制の優遇などを受けられることがあります。

譲渡所得＝売却価額－取得費－譲渡費用

〈総合課税と分離課税〉

総合課税

所得税の計算過程において、所得の種類ごとの所得金額を合計し、その合計した金額をもとに税額計算するのが原則です。このような計算ルールに従って課税することを総合課税と言います。例えば、給与所得のある会社員が、副業をしていて個人事業による事業所得があるとします。この場合、給与所得と事業所得を足した合計金額をもとに税額計算するということです。総合課税となる所得には、給与

所得、不動産所得、事業所得などがあります。

分離課税

他の所得とは合算せず、特定の所得のみで税額計算するような課税の方法を分離課税と呼びます。一時的、臨時的に発生し、その金額が大きくなるような所得の場合に、それを総合課税とすると、税金負担がかなり大きくなってしまうため、それを避けるために適用されます。分離課税には、源泉徴収によって課税関係が確定する「源泉分離課税」、確定申告により課税される「申告分離課税」の2つがあります。「源泉分離課税」の代表的な所得は、預貯金の利子にかかる所得です。「申告分離課税」の代表的な所得は、株式や不動産の売却による譲渡所得、山林所得、退職所得などです。

9）一時所得

　一時所得とは、事業所得、給与所得、譲渡所得に該当しない一時的な所得です。これだけでは、定義としてわかりにくいので、具体的な例をいくつか示します。

（1）懸賞や福引きの賞金品（業務に関して受けるものを除く）

（2）競馬や競輪の払戻金（営利を目的とする継続的行為から生じたものを除く）

（3）生命保険の一時金（業務に関して受けるものを除く）や、損害保険の満期返戻金等

（4）法人から贈与された金品（業務に関して受けるもの、継続的に受けるものを除く）

計算式は次の通りです。

$$一時所得 = \left(\begin{array}{c}その収入を得るために\\支出した金額\end{array}\right) - 特別控除額 \atop (注1)$$

(注1) 最高50万円

上記の計算式からわかるように、特別控除額（最高50万円）がありますので、一時所得となるべき支出の金額が50万円以下であれば、税金はかかりません。また、一時所得は他の所得と合算する際に2分の1にできます。

10) 雑所得

雑所得とは、1) から9) までのいずれの所得にも該当しない所得を言います。具体例としては次のようなものがあります。

・老齢年金など公的年金収入
・外国為替証拠金取引（FX）で生じた利益
・ビットコインなど暗号資産の売却等による利益
・ネットオークションサイトでの資産の売却
・民泊による収入
・講演料、原稿料（ただし、事業所得とならないもの）

3 所得税の計算の流れ

さて、課税される所得の種類を理解いただいたところで、次

に、所得税の計算過程の大枠を見ていくことにします。

所得税の計算は次の順序で行います。

1）所得金額を合計する（合計所得金額）
2）所得控除の金額を計算する
3）課税対象となる所得を計算する
4）所得税額を計算する
5）税額控除を適用する
6）復興特別所得税を計算する
7）所得税額を確定する
8）納付税額を算出する

以下では、上記の手順に従い、簡単に説明します。

1）所得金額を合計する（合計所得金額）

前項で解説した所得の種類の各所得を合計して、合計所得を求めます。

2）所得控除の金額を計算する

合計所得の金額から、さらに控除することができる項目があり、これを所得控除と呼びます。所得控除には次の項目があります。

・雑損控除

災害や盗難などにより損失を被った場合に、次の（1）または（2）のうちのいずれか大きいほうの金額を控除できます。

（1）損失額－（総所得金額等の合計額×10%）

（2）損失額のうち災害関連支出額－5万円

・医療費控除

　支出した医療費の金額が一定額以上になった場合に、所得から控除することができます（第3章で説明します）。

・社会保険料控除

　健康保険料、厚生年金保険料等で給与から天引きされた金額を所得控除することができます。通常、年末調整の際に会社で計算します。

・小規模企業共済等掛金控除

　支払った小規模企業共済掛金、心身障害者扶養共済掛金、企業型確定拠出年金の掛金、個人型確定拠出年金の掛金を所得控除することができます（小規模企業共済については第4章で、個人型確定拠出年金については第2章で説明します）。

・生命保険料控除

　本人および扶養家族の生命保険の掛金を支払っている場合に、一定の計算式に基づく金額を所得控除することができます。控除できる最高限度額は12万円になります（住民税は7万円が限度）。

・地震保険料控除

　自宅の家屋等に対して地震保険をかけている場合に、最高5万円まで所得控除することができます（住民税は最高2万5000円が限度）。

・寄付金控除

　国、地方自治体、その他一定の公的機関に対して寄付を行った場合に、一定の金額を所得控除することができます（所得金額等の40％が限度になります）。ただし、ふるさと納税については、特別な計算となります。

・障害者控除

　本人または扶養親族が障害者または特別障害者にあたる場合には、1名につき次の金額を所得控除できます。

　障害者　27万円
　特別障害者　40万円
　同居特別障害者　75万円

・寡婦控除

　本人がひとり親に該当せず、夫と離婚後婚姻していない者のうち、合計所得金額が500万円以下で、住民票に事実婚の記載がなく扶養親族を有する場合には、27万円の所得控除ができます。なお、死別の場合には、扶養親族を有していなくても控除できます。

・ひとり親控除

　ひとり親とは、現に婚姻していない者または配偶者の生死の明らかでない者で、合計所得金額が500万円以下で住民票に事実婚の記載がなく、生計を一にする子（総所得金額が48万円以下であること）がいる者をいいます。ひとり親控除に該当する場合は35万円を控除できます。

・勤労学生控除

　自己の勤労による給与所得の合計所得金額が75万円以下である特定の学校の学生等である場合に27万円を控除できます。

・配偶者控除

　本人の合計所得金額が900万円以下の場合に、合計所得金額が48万円以下の配偶者がいる場合、38万円を控除できます（配偶者の年齢が70歳以上の場合には、48万円を控除できます）。

本人の合計所得金額が、900万円超1000万円以下の場合には、本人の合計所得金額に応じて一定の金額を所得控除でき、本人の合計所得金額が1000万円を超えると、配偶者控除を受けることができなくなります。

・配偶者特別控除

　配偶者の合計所得金額が48万円を超え133万円以下の場合、かつ、本人の合計所得金額が1000万円以下の場合に、段階的に一定金額の所得控除を受けることができます。

・扶養控除

　扶養親族の年齢等により下記の所得控除を受けることができます。

一般（16歳以上19歳未満）	38万円
特定扶養親族（19歳以上23歳未満）	63万円
成年（23歳以上70歳未満）	38万円
老人扶養親族（70歳以上）	48万円
同居老親等（70歳以上）	58万円

・基礎控除

　本人の合計所得金額が2400万円以下の場合に、48万円の基礎控除という所得控除を受けることができます。2400万円超2500万円以下の場合も一定金額の所得控除がありますが、2500万円を超えると基礎控除額はゼロ円となります。

　上記のうち、雑損控除、医療費控除、寄付金控除については、会社の年末調整では処理しないため、もし控除できる項目があり、かつ、払いすぎた税金を取り戻したいのであれば、確定申告をする必要があります。自分で申告をすることにより、会社

で源泉徴収された所得税について、その一部を返金してもらえる、すなわち還付を受けることができます。

　ただ、還付申告は強制ではありませんので、確定申告をしないということも可能です。

3）課税対象となる所得を計算する

　あなたの所得が、勤務している会社からの収入のみである場合には、1年間の給与所得（給与収入－給与所得控除－所得調整控除）から、上記の所得控除項目を差し引いて、課税対象となる所得金額を計算します。例えば副業で個人事業をしている場合には、その事業から生じた事業所得、投資マンションを持っていて家賃収入などがあれば不動産所得、老齢基礎年金を受けていたら雑所得を加算して、合計所得金額を算出します。そして、その合計所得金額から、所得控除額の合計を差し引いて課税対象となる所得金額（＝課税所得金額）を計算します。

課税所得金額＝合計所得金額－所得控除の合計額

4）所得税額を計算する

　所得税は、累進課税という考え方をとっており、課税所得が大きいほど、税率が高くなるという課税方式をとっています。

　42ページの図表1－6に従い、所得税額を計算することができます。

所得税額＝（課税所得金額×税率）－控除額

課税される所得金額	税率	控除額
1,000円 から 1,949,000円 まで	5%	0円
1,950,000円 から 3,299,000円 まで	10%	97,500円
3,300,000円 から 6,949,000円 まで	20%	427,500円
6,950,000円 から 8,999,000円 まで	23%	636,000円
9,000,000円 から 17,999,000円 まで	33%	1,536,000円
18,000,000円 から 39,999,000円 まで	40%	2,796,000円
40,000,000円 以上	45%	4,796,000円

出所：国税庁「所得税の税率」

5）税額控除を適用する

　先ほどは所得控除の説明をしましたが、ここでは税額控除の説明をします。所得控除は税率をかける前の所得から控除できるものですが、税額控除は上記の計算で算出された所得税額から直接引くことができるものです。

> **差引所得税＝所得税額－税額控除額**

　税額控除には住宅ローン控除や寄付金控除などがあります。寄付金控除については、ふるさと納税の際に適用されることになり、国税部分については所得控除がされ、住民税部分につき

税額控除されます。また、ふるさと納税以外の寄付金控除では、所得控除と税額控除を選択できるものもあります。

6）復興特別所得税を計算する

　2011年に発生した東日本大震災からの復興のための施策を実施するために2011年から25年間にわたって、個人の所得税に対して、2.1%を上乗せして課税されることとなっている税金が、復興特別所得税です。

> ### 復興特別所得税＝差引所得税額×2.1%

7）所得税額を確定する

　4）で計算した所得税額から5）で紹介した税額控除の該当項目があればその金額を控除し、税額控除後の金額に対して、2.1% を乗じて復興特別所得税の金額を計算して加算します。

> ### 年間所得税額＝差引所得税＋復興特別所得税

8）納付税額を算出する

　年間所得税額の計算は7）で終わりですが、源泉所得税や予定納税として、すでに納付済みの所得税があれば、それらを差し引き、確定申告による納付すべき税額を算出します。

> ### 納付税額＝年間所得税額－源泉所得税額－予定納税額

5 住民税の仕組みを理解しよう

会社員である個人の住民税の計算と徴収の手続きは、次のような流れになります。

①前年度の年末調整の結果（給与支払報告書）を会社が各従業員が住んでいる市町村に1月末までに提出します。
②一部のサラリーマンは、3月15日までに確定申告をして、追加納税または還付金を受け取れます。
③各市町村は、会社からの報告および確定申告をした人がいればその情報に基づき、会社員である住民の住民税の金額を計算し、勤務先の会社に通知します（毎年5月頃）。
④会社は、市町村からの通知に基づき、6月から翌年5月までの12回に分割して、従業員の給与から住民税を天引きして、給与支払月の翌月10日までに、社員から預かった住民税額を市町村に納付します。

ここで注意いただきたい点があります。それは、住民税は1年遅れで課税されるということです。所得税は、当月分の給料の金額に応じた源泉所得税が徴収されるという現在進行形ですが、住民税については、前年もしくは前々年の所得に対する住民税の天引きが行われています。

例えば新卒社員は前年度の所得がゼロですので、4月入社の

新入社員は、通常その翌年の5月分給与まで住民税の天引きがされません。

　逆に、例えば3月頃に退職した社員で、しばらく失業しているような方は、給与収入がない場合であっても、退職した年の前年分の住民税の請求が退職した後で届き、支払いをしなければならなくなります。

　退職のタイミングにより、退職時に会社が残りの住民税を一括控除する場合もあります。退職して失業するには至っていないが転職して、給与が大幅に下がる場合も、転職1年目は住民税負担が占める割合が大きくなります。

6 社会保険料の仕組みを理解しよう

　社会保険料は、健康保険料、介護保険料、厚生年金保険料から構成されます。これらの保険料は、医療費負担、介護サービス費や年金の支給に要する資金として徴収されます。

1）健康保険料

　健康保険料は、地域（都道府県）により多少の違いがありますが、給与額面総額（通勤手当を含む）に対して、約10％の健康保険料がかかります。そのうちの半分が会社負担、残り半分が本人負担となります。なお、健康保険料は月額標準報酬139万円が上限となっており、139万円を超える標準報酬に対しては、保険料は徴収されません。

　賞与に対しても、賞与の金額が4月1日から翌年3月31日までの1年間で、573万円に達するまでは給与と同額の10％が徴収されますが、573万円を超えた場合には、超えた部分についての健康保険料の負担はありません。

　この健康保険は、強制加入であり、自分は病気をしないから保険に入らない、といった選択をすることはできません。後に記述する介護保険、厚生年金、雇用保険なども同様に、加入条件を満たす場合は強制加入です。

2）介護保険料

　介護保険料は、介護サービスの費用を賄うための保険料です。40歳以上の方が保険料負担の対象となり、負担割合は、通勤手当を含む給与総額の1.6%となっています。介護保険料は、健康保険料と一体的に徴収され会社と従業員で半分ずつ負担します。

　なお、65歳以上の方は、たとえサラリーマンであっても給与からの天引きではなくなり、年金からの控除（特別徴収）または、別途納付（普通徴収）となります。これまで会社が半額負担していた分も全額自分で支払う必要があるため、これまでよりも保険料が上がることがあります。

3）厚生年金保険料

　サラリーマンの年金制度は、いわゆる2階建てとなっています。すなわち、国民年金が基礎的部分として1階部分、厚生年金が、サラリーマンの年金としての2階部分です。個人事業者の方は、国民年金に加入し、毎月定額で約1万7000円の年金を支払っているのに対し、サラリーマンは厚生年金に（強制）加入することにより別途国民年金は支払う必要はなく、厚生年金加入期間の間、国民年金も払っていることになり、65歳に達した時点で、老齢基礎年金（国民年金加入者が受け取る年金）および、老齢厚生年金（厚生年金加入者が受け取る年金）の両方の年金を受け取ることができます。よってサラリーマンは、国民年金のみに加入する個人事業者と比較して、老後に、より多くの年金を受け取ることができるようになっています。

　以上の説明から、サラリーマンは、65歳以上になった際の年金の受給という点で有利になっていますが、支払保険料とし

ては個人事業者の方に比べて高額の保険料負担となっています。

　厚生年金保険料の料率については、給与総額（通勤手当を含む）に対して18.3％で、その半分を会社が負担し、残り半分を本人が負担します。なお、厚生年金保険料は月額標準報酬65万円が上限となっており、65万円を超える標準報酬に対して保険料は徴収されません。

　例えば、通勤手当を含め額面給与総額が34万円のサラリーマンの場合、労使合わせて34万円×18.3％＝６万2220円の厚生年金保険料を毎月払っています（給与からの天引き額としては、その半分の３万1110円）。

　賞与に対しても、１回の支給額につき150万円までであれば、上記と同じ率（18.3％）で徴収されますが、150万円を超えた部分には、厚生年金保険料の負担はありません。

パート・アルバイトの社会保険の加入条件と適用拡大

会社員の場合で、正社員は社会保険に加入しますが、パート・アルバイトの方は社会保険に加入する場合と加入しない場合があります。ではどのような条件を満たすとパート・アルバイトでも社会保険加入になるのでしょうか？

（加入条件）

　正社員と比較して正社員の4分の3以上働く人は、社会保険に強制加入となります。例えば、正社員の勤務時間が週40時間の会社であれば、週30時間以上働くパート・アルバイトの方は社会保険に強制加入となります。

　この条件のほかに、現在社会保険に加入している人の人

数が51名以上（2024年９月以前は101人以上）の事業所は、勤務時間が正社員の４分の３未満であっても社会保険に強制加入となります。その条件とは、次の４つの条件すべてを満たす人です。

- ・週所定労働時間が20時間以上で、かつ、正社員の所定労働時間の４分の３未満
- ・月額給与が８万8000円以上
- ・２か月を超える雇用見込み
- ・学校教育法に規定する学生ではないこと

　政府では、社会保障費用の増加に対応するため、現在社会保険の加入義務者を拡大する政策を進めており、現在加入義務のない人についても、加入義務者をさらに拡大していく方向で検討が進められています。

7 労働保険料の仕組みを理解しよう

　労働保険料には雇用保険料や労災保険料が含まれます。これらの保険料は、失業時の給付や労働災害に対する補償を目的としています。

1）雇用保険料

　雇用保険料は、失業時の給付や育児休業給付などを賄うための保険料です。通勤手当を含む給与に対して一定の割合で計算され、会社と従業員がそれぞれ負担します。会社員負担となる保険料の割合は、業種により異なりますが、一般のサラリーマンは、給与総額の0.6%です（会社負担は0.95%）。

　健康保険料や厚生年金保険料と比較して負担割合は小さいと言えます。

2）労災保険料

　労働者災害補償保険（労災保険）は、通勤途中や勤務中の業務災害による労働災害に対する補償を目的とした保険です。労災保険料率は業種により細かく分類されており、1000分の2.5から1000分の88の範囲で定められています。ただし、保険料は全額会社が負担しますので、給料からの天引きはありません。

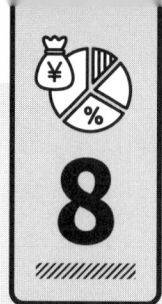

8 所得に応じてどれぐらい天引きされるか

1 年収に応じた天引額

　最後に、所得税・住民税のみではなく、社会保険料なども考慮して年収に応じて、どれぐらいの金額が天引きされ、手元にどれぐらい残るかを見ていくことにしましょう。

　健康保険料、厚生年金それぞれ上限金額が定まっており、かなり高レベルの所得になると一定金額以上はかからないため、所得が増えれば増えるほど、所得全体に対する社会保険料の負担割合は減少します。

　図表1-7をもとに解説します。

　年収が500万円だとします。また、通勤交通費が月額2万円、年間24万円であると仮定します。その場合の社会保険料（健康保険と厚生年金）の本人負担額は、年間で約73万円、雇用保険の金額は3万円、所得税は14万円、住民税は24万円になります。

　控除項目計は、給与から強制的に控除される社会保険料、雇用保険料、所得税、住民税の合計金額です。年収500万円の会社員の場合、年間114万円が控除されることになります。

　差引支給金額というのは、通勤交通費も含む年間の手取り金額です。可処分所得は本人が自由に使える年間収入のことですので、手取り金額（＝差引支給金額）から通勤交通費の金額

（金額の単位は万円）

年 収	250	400	500	600	700	800	1,000	1,500	2,000
通勤交通費	24	24	24	24	24	24	24	24	24
（加算項目計）	274	424	524	624	724	824	1,024	1,524	2,024
社会保険料	38	59	73	87	101	115	143	183	198
雇用保険料	2	3	3	4	4	5	6	9	12
所得税額	4	8	14	20	31	47	77	197	359
住民税	8	17	24	30	37	45	60	105	154
（控除項目計）	52	87	114	142	174	212	287	494	723
差引支給金額	222	337	410	483	551	613	739	1,034	1,308
可処分所得	198	313	386	459	527	589	715	1,010	1,284
割合 {控除計÷年収}	21%	22%	23%	24%	25%	26%	29%	33%	36%
所得税＋住民税	12	26	37	51	68	91	137	302	513
割合	5%	6%	7%	8%	10%	11%	14%	20%	26%

（24万円）を控除した金額になります（通勤交通費は、通勤目的の定期代などに充てるため可処分所得には含めないこととします）。

「割合（控除計÷年収）」は、控除項目計（114万円）が年収（500万円）に占める割合を求めています。年収500万円の40歳未満の会社員の場合、年収から控除される税金は約23％ということがわかります。仮に給与の額面が30万円であれば、そ

の23%である６万9000円（30万円×0.23）が給与から天引きされているというわけです。

　所得税は、累進課税と言って所得が高いほど税率が高くなる仕組みとなっています。所得税が累進課税となっていることから、年収が大きくなればなるほど収入から控除される税金等の割合が高くなっているのがわかります。

　年収500万円の会社員であれば控除割合は23%ですが、年収2000万円の場合、控除される税金等の割合は年収に対して36%となります。すなわち、年収2000万円の会社員の場合、723万円が控除され可処分所得は約1284万円になります。

　次に、所得税と住民税に注目してみましょう。年収が700万円程度の場合には、所得税よりも住民税のほうが大きくなっていますが、年収800万円では逆転して、所得税のほうが住民税よりも大きくなります。これはなぜかというと、所得税は５%から45%の範囲で所得金額に応じて税額が変動するいわゆる累進課税の仕組みで計算されるのに対し、住民税は課税所得の10%で、所得金額にかかわらず常に同率で計算するためです。

　図表１－８は40歳以上のケースです。40歳以上になると、社会保険料として介護保険料を徴収されるため、40歳未満の会社員と比較して収入に対して約１%の介護保険料負担が増えています。その影響で、所得税と仕民税は、ほんの少しだけ下がります。

（金額の単位は万円）

年　収	250	400	500	600	700	800	1,000	1,500	2,000
通勤交通費	24	24	24	24	24	24	24	24	24
（加算項目計）	274	424	524	624	724	824	1,024	1,524	2,024
社会保険料	41	63	78	92	107	122	152	192	202
雇用保険料	2	3	3	4	4	5	6	9	12
所得税額	4	8	13	20	30	45	76	194	358
住民税	8	17	23	30	37	44	59	105	153
（控除項目計）	54	90	117	146	178	216	292	500	726
差引支給金額	220	334	407	479	547	609	733	1,028	1,306
可処分所得	196	310	383	455	523	585	709	1,004	1,282
割合〔控除計÷年収〕	22%	23%	23%	24%	25%	27%	29%	33%	36%
所得税＋住民税	12	25	36	50	67	89	135	298	511
割合	5%	6%	7%	8%	10%	11%	13%	20%	26%

　さて、図表1－7、図表1－8をご覧になった感想はいかが
でしょうか？　天引き項目の中で、社会保険料の金額が結構大
きいことに気づかれたと思います。そこで、社会保険料の削減
はできないか、という視点で考えてみましょう。

2　社会保険料の削減策

　サラリーマン個人でできる社会保険料の削減策として、4月から6月の3か月間に支給される残業手当をできるだけ減らす。という対策があります。

　個人と会社が負担する社会保険料は、年に1回見直しがあります。4月から6月まで3か月間に支払われた給与の平均額をもとに、その年の9月分から翌年8月分までの社会保険料の計算のもとになる標準報酬月額という基準となる月額収入金額を決定し、その金額をもとに毎月の社会保険料の金額を計算します。

　残業手当も社会保険料の対象の給与になりますので、できるだけ残業を減らすようにして、4月から3か月間の給与総額をできるだけ低くするように調整できれば、その年の9月分から翌年8月分までの1年間にわたって、低めの社会保険料負担にできる可能性があります。

　もう一つ別の対策は、企業型確定拠出年金制度（企業型DC）の導入です。準備の時間と初期導入コストが会社に発生しますが、会社にとっても社会保険料負担額の削減というメリットがあります。

　ここで紹介する企業型DCは、勤め先が主体となって行う従業員のための年金制度であり、その特徴として、従業員が自身の給与から天引きする掛金の金額を決めることができます。

　そして、企業型DCのもとで天引きされた掛金については、所得控除の対象になるとともに、かつ、社会保険料の対象にならないというメリットがあります。したがって、所得税・住民

税の節約のみではなく、掛金の金額に対応する社会保険料部分を節約できることになります。

　仮に、企業型ＤＣによる毎月の掛金を２万円に設定したとすると、その従業員は年間で24万円の所得控除を受けられるようになるとともに、月々天引きされる社会保険料（健康保険、厚生年金等）が安くなります。

　どの程度安くなるかというと、社会保険料の個人負担は給与総額の約15％ですから、２万円×15％＝3000円（月額）の節約になります。

　社会保険料は、従業員と会社が折半で負担しているため、会社側も社会保険料負担の減少というメリットを享受できます。

税金とは

税金の定義について考えたことがありますか？
税金というとどのような単語が思い浮かびますか？

　もし、税金について多少詳しい方であれば、所得税、住民税、固定資産税、法人税、消費税、相続税、酒税など、様々な税金の種類を思い浮かべることができると思います。

　上記のうち、所得税、法人税、消費税、相続税、酒税は、国税であり、国が徴収する税金です。一方、住民税、固定資産税は、地方自治体が徴収する税金であり、地方税に分類されます。

　また税金は、直接税と間接税という２つに区分することもできます。税金の徴収者（国または地方自治体等）が、便益を受けた者から直接徴収する税金を直接税と言い、直接便益を受ける者以外の者から徴収する税金を間接税と言います。

　上記の例に当てはめると、所得税、住民税、固定資産税、法人税、相続税は直接税であり、消費税、酒税などは間接税となります（消費税は、最終消費者が納税するのではなく、事業者が消費税を預かって納税する仕組みになっています）。

　ここで、最初の疑問「税金とは」に話を戻します。
　財務省のサイトに次のような記載があります。

「税金とは、年金・医療などの社会保障・福祉や、水道、道路などの社会資本整備、教育、警察、防衛といった公的サービスを運営するための費用を賄うものです。みんなが互いに支え合い、共によりよい社会を作っていくため、この費用を広く公平に分かち合うことが必要です。」

（出所：財務省「税制（国の税金の仕組み）」）

また、近年、「社会保障と税の一体改革」ということが言われています。国税庁のサイトの「税の学習コーナー」では、改革の趣旨として、次のように述べられています。

「社会保障と税の一体改革においては、消費税率の引上げによる増収分を、すべて社会保障の財源に充てます。このようにして安定財源を確保することで、社会保障の充実・安定化と、将来世代への負担の先送りの軽減を同時に実現します。」

（出所：国税庁「税の学習コーナー」）

以上のことからわかるのは、国としては社会保障費として徴収している年金や健康保険料だけでは社会保障関連の歳出を賄えないから、社会保障費と税金を一体と考え、消費税の税率の引き上げで増額となった歳入分を社会保障費用に回すということです。

ここからは私見ですが、以上のことを納税者目線で考えると、所得税や住民税以外の、一般にはその名称に「税」という漢字がつかない社会保険料等、すなわち健康保険料、介護保険料、厚生年金保険料、雇用保険料なども強制的に支払わなければならないという意味で、広義の税金の定義に包含されると考えま

す。

　そしてこれら社会保険料等の負担は、結構な割合を占めています。例えば年収ベースで700万円のサラリーマンの場合、給与額面に対して約30％の社会保険料負担が発生し、そのうちの半分（15％）が、本人の給与から控除されます。

　年収700万円の場合、所得税および住民税が給与の約10％、社会保険料が15％発生し、税金等の控除項目の合計は給与の約25％となり、手元に残るのは約75％となります。仮に、月給50万円の人であれば、手取り37万5000円（50万円×75％）といったところでしょうか。

第 **2** 章

サラリーマンができる
節税の定番

この章を読んでいただくと次のことがわかります

▶ ふるさと納税は節税になるのか

▶ iDeCo のメリット・デメリット

▶ iDeCo と NISA の違い

▶ NISA はどんな人におすすめか

1 ふるさと納税

1 ふるさと納税とは

　ふるさと納税は、地方自治体への寄付を通じて、納税者が税控除（寄付金控除）を受けられる制度です。2008年に始まり、日本全国の自治体を対象に納税者が自分の選んだ自治体に寄付をすることで、所得税や住民税の控除が受けられます。

　ふるさと納税の大きな魅力は、寄付を行うと返礼品としてその地域の特産品を受け取ることができる点にあります。寄付金控除を適用することにより、実質負担2000円で2000円以上の価値のある地域の特産品を楽しむことができます。

　独立行政法人経済産業研究所の調査によると、各種税制優遇制度のうち、ふるさと納税の利用割合や認知割合は、他の制度に比べて高くなっていますが、それでも、50%以上の方が利用していないとなっており、まだまだ利用者の数が伸びる余地はありそうです。

2 ふるさと納税の実績

　総務省の発表によると、2008年に始まったふるさと納税は、導入初年度においては、年間での寄付金額が81億円、寄付件数は５万4000件でした。それから毎年少しずつ寄付金額、寄付

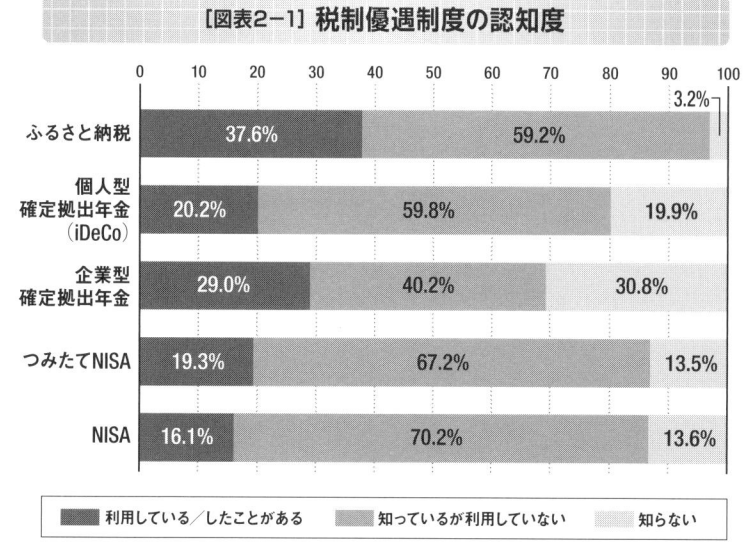

［図表2-1］税制優遇制度の認知度

	利用している／したことがある	知っているが利用していない	知らない
ふるさと納税	37.6%	59.2%	3.2%
個人型確定拠出年金（iDeCo）	20.2%	59.8%	19.9%
企業型確定拠出年金	29.0%	40.2%	30.8%
つみたてNISA	19.3%	67.2%	13.5%
NISA	16.1%	70.2%	13.6%

対象者：有職・年収300万円以上の20〜64歳男女　サンプルサイズ：n=50,788

出所：独立行政法人経済産業研究所「ふるさと納税の現在地〜2つの調査結果より」

件数ともに増加し、6年後の2014年度は388億円、191万件、そしてその翌年の2015年度には寄付金額1652億円、寄付件数726万件となりました。それから8年後の2023年度には1兆1175億円、寄付件数5895万件となっています。

　同年度の住民税の税額控除適用者は1000万人となっているので、寄付件数を人数で割り算するとふるさと納税した人は、一人平均、年間に約6回の寄付を行ったことになります。

3　ふるさと納税の手続き

　ふるさと納税の基本的な手続きは以下の通りです。

1）寄付できる上限金額（予算）の決定

　ふるさと納税で控除を受けられる金額には上限があります。上限額は、納税者の年収や家族構成によって異なります。上限額を超えた寄付を行った場合、その超過分は控除の対象外となります。ポータルサイトやシミュレーションツールを利用して、事前に自分の上限額を確認しておくことが重要です。

　図表２－２は、年収と家族構成の組み合わせで、どの程度の年収でどのような家族構成の人であるかにより、いくらぐらいまでふるさと納税ができるかを示したものです。寄付を行う際の参考にしてください。上限金額までであれば、それより少な

［図表2-2］ふるさと納税限度額

（金額の単位は万円）

本人の年収	扶養親族なし	夫婦	夫婦＋高校生	夫婦＋子2人
250	2.1	1.3	0.5	-
400	4.2	3.3	2.5	1.2
500	6.1	4.9	4.0	2.8
600	7.7	6.9	6.0	4.3
700	10.8	8.6	7.8	6.6
800	12.9	12.0	11.0	8.5
1,000	18.0	17.1	15.7	14.4
1,500	395	39.5	37.7	36.1
2,000	56.9	56.9	55.2	53.6

（注）夫婦の場合、配偶者の所得は、48万円以下と仮定。子2人のケースは、大学生1人、高校生1人と仮定。

い寄付であっても、寄付した金額に対して2000円を控除した金額が節税になります。

上限金額と比べて、少しだけオーバーした場合には、節税効果がゼロになってしまうわけではなく、超えた部分についての効果のみがなくなるだけですから、上限金額は一つの目安としてあまり神経質になる必要はありません。

2）寄付先・返礼品の選定

予算が決まれば、納税者は自分が応援したい、あるいは興味を持った自治体を選びます。選択肢は全国の自治体に広がっており、それぞれの自治体が用意している返礼品も多岐にわたります。

選択する自治体は、日本全国どこでも大丈夫です。名称が「ふるさと」となっているため、自分自身が現在住んでいる自治体や過去に住んだことがある自治体でなければならないと勘違いする人もありますが、自分の故郷である必要はありません。

寄付先の選定にあたっては、多くの自治体では、各自治体のサイトから直接申し込むことができます。また、ふるさと納税についてのポータルサイトを通して申し込むこともできます。

国税庁が指定した特定事業者のサイトを通じてふるさと納税を行った場合には、確定申告を行う際に、当該事業者が発行する「寄付金控除に関する証明書」を添付することで、各自治体が発行した寄付金受領証明書の添付を省略できます。

3）寄付の実行

寄付をしたい自治体に対して、希望する金額を寄付します。寄付はインターネット上で簡単に行うことができます。実際に

[図表2-3] 国税庁長官が指定した特定事業者（令和6年9月6日現在）

表示番号	ポータルサイト名	特定事業者	法人番号
FN	ふるなび	㈱アイモバイル	4011001059087
SF	さとふる	㈱さとふる	9010401112780
RA	楽天ふるさと納税	楽天グループ㈱	9010701020592
FC	ふるさとチョイス	㈱トラストバンク	8011001073076
TK	ふるさとパレット	東急㈱	7011001016291
FP	ふるさとプレミアム	㈱ユニメディア	6010001082956
PL	ふるさとぷらす	㈱エスツー	2370001014200
CS	セゾンのふるさと納税	㈱クレディセゾン	2013301002884
AN	ANAのふるさと納税	全日本空輸㈱	1010401099027
FH	ふるさと本舗	㈱ふるさと本舗	5011001120491
MI	三越伊勢丹ふるさと納税	㈱三越伊勢丹	4011101059648
JL	JALふるさと納税	㈱JALUX	6010701004711
AU	au PAY ふるさと納税	KDDI㈱	9011101031552
AF	ふるラボ	朝日放送テレビ㈱	8120001204927
IF	ふるさと納税ニッポン！	アイハーツ㈱	5012401021296
GF	G-Call ふるさと納税	㈱ジーエービー	5010701013402
AN	ANAのふるさと納税	ANAあきんど㈱	8010401046352
JR	JRE MALL ふるさと納税	東日本旅客鉄道㈱	9011001029597
MF	マイナビふるさと納税	㈱マイナビ	3010001029968
MP	まん福	㈱SHIFT	8010401073462
AM	まいふる	イオンフィナンシャルサービス㈱	2010001010887
FM	ふるさぽん	㈱エフアンドエム	9120901005589

※指定順に掲載しています。
※ANAのふるさと納税（AN）に係る特定事業者は、令和5年4月から全日本空輸株式会社からANAあきんど株式会社へ変更されました。

出所：国税庁

寄付金を支払った日が寄付を行った日になりますから、年末ぎりぎりにふるさと納税を行う場合には、注意が必要です。例えば、コンビニエンスストア払いや銀行振込によりふるさと納税を行う場合には、申込日ではなく実際に支払いを行った日が寄付の実行日になりますから、年末ぎりぎりに行うことは避けたほうがよいでしょう。

　支払方法も、銀行振込やクレジットカード決済、コンビニエンスストアでの支払いなど、様々な方法で行うことができます。

４）返礼品の受け取り

　寄付を行うと、自治体から返礼品が送られてきます。返礼品は自治体によって異なり、地元の特産品や工芸品、体験型のギフトなどが提供されます。

５）寄付金受領証明書の受け取り

　寄付を行った自治体から寄付金受領証明書が送付されます。この証明書は確定申告時に必要となりますので、大切に保管しておきます。

６）税額控除の申請

　翌年の確定申告期限（３月15日）までに、寄付金受領証明書をもとに寄付金控除の申請を行います。確定申告を行うことで、寄付額のうち2000円を超える部分について所得税および住民税の控除が受けられます。

　この確定申告の際に、原則として、自治体への寄付の明細書を確定申告書に添付する必要があります。なかには自治体からの寄付金受領証明書を紛失してしまい、確定申告期限ぎりぎり

に自治体へ再発行を依頼するといったケースもよくあります。

　このような場合に、「2）寄付先・返礼品の選定」で紹介した特定事業者のサイトを通して寄付をしている場合には、確定申告時期に当該特定事業者から年間の寄付金の総額を証する証明書を発行してもらうことができるので、その証明書を確定申告書に添付することにより、各自治体から発行された寄付金受領証明書がなくても、また、寄付ごとの明細書を作成しなくてもよくなるため、確定申告の手続きをシンプルにすることができます。

　応用的な使い方として、マイナンバーカードを所有している場合には、特定事業者サイトを通じたふるさと納税の記録をマイナポータルと連携させ、その連携された情報を国税庁のe-Tax とさらに連携させることにより、ふるさと納税の記録をe-Tax システムに取り込んで電子申告を行うこともできます。

4　ふるさと納税のメリット

　ふるさと納税のメリットは多岐にわたります。

1）節税効果

　ふるさと納税を行うと、所得税および住民税の控除を受けることができます。具体的には、寄付金額から2000円を差し引いた額が控除の対象となります。例えば5万円を寄付した場合4万8000円が控除される計算です。これにより、実質的には自己負担2000円で様々な返礼品を受け取ることができます。

2）地域貢献

　ふるさと納税は、寄付を通じて特定の地域を支援することができる仕組みです。寄付金は、地域の振興や公共サービスの充実、災害復興など様々な用途に活用されます。これにより、納税者は自分が応援したい地域や興味のある地域の発展に貢献することができます。

3）返礼品

　ふるさと納税の大きな魅力の一つは、返礼品です。多くの自治体が地元の特産品を返礼品として提供しており、これにより納税者は地域の名産品や特色ある商品を楽しむことができます。

　返礼品の内容は食品（肉、魚介類、野菜、果物など）や工芸品、旅行券など多岐にわたり、納税者は自分の好みに応じて選ぶことができます。

5　ワンストップ特例制度

　ワンストップ特例制度は、給与所得者で確定申告を行わない人が、ふるさと納税の手続きを簡略化するための制度です。この制度を利用することで、確定申告をせずに税額控除を受けることができます。手続きは簡単で、寄付を行う際に、ワンストップ特例申請書と本人確認書類を寄付した自治体に提出するだけです。申請書は自治体のウェブサイトやふるさと納税のポータルサイトからダウンロードできます。

注意点1：ワンストップ特例には制限があり、寄付先となる自治体の数が年間5カ所以内となっている場合に限ります。同じ

自治体であれば、年間何回寄付を行っても問題ありません。

注意点2：もし、別の理由で確定申告した人が、「すでにワンストップ特例を申請しているため二重に申請することはできない」などと勘違いして、ふるさと納税の申告を含めなかった場合には、確定申告書を提出することにより、自動的にワンストップ特例の効果が消滅してしまい、住民税の税額控除を実質的に受けられないという状況になってしまいます。

注意点3：ワンストップ特例の申請書は、対象年度の翌年1月10日までに必着となっています。

　ワンストップ特例制度を利用すると、所得税からの控除は行われず、その分の控除も含めた控除額の全額が寄付を行った翌年の住民税から控除されます。

6　ふるさと納税の実際の利用例

　ふるさと納税の利用例として、具体的なケースを以下に紹介します。この例を通じて、どのようにふるさと納税を活用し、どのようなメリットを得ることができるのかを理解していただけます。

事例：年収700万円の会社員

〈背景〉
・年収：700万円
・家族構成：配偶者（収入なし）、子供1人（高校生）

〈手順〉

1）上限額の確認

　ふるさと納税のポータルサイトでシミュレーションを行い、寄付の上限額を確認します。年収700万円で家族構成を考慮すると、上限額は約7万8000円と算出されました。

2）寄付先の選定

　家族と相談し、寄付先の自治体を選定。北海道その他合計6か所の自治体に寄付することで、おいしい海産物を返礼品として受け取ることにしました。

3）寄付の実行

　ふるさと納税ポータルサイトから、7万円分の寄付を実行。クレジットカード決済を利用しました。

4）返礼品の受け取り

　数週間後、自治体から返礼品として新鮮なカニやイクラが届き、家族で楽しみました。

5）寄付金受領証明書の受け取り

　寄付を行った自治体から寄付金受領証明書が郵送されてきました。これを確定申告の際に使用します。

6）確定申告

　翌年の2月から3月にかけて確定申告を行い、寄付金控除を申請。所得税および住民税の控除を受けました。

〈結果〉

・**控除額**：寄付金額の7万円から自己負担の2000円を差し引いた6万8000円が所得税および住民税から控除されました。

・**実質負担額**：2000円

・**メリット**：実質2000円の負担で、寄付金額7万円相当の返礼

品を受け取ることができました。

・この事例では、6か所への寄付を行ったため、ワンストップ特例は適用できませんが、仮に5か所以内でワンストップ特例を利用したとしても効果は同じです。

　ここで注意いただきたいことが一点あります。それは、寄付金額と返礼品（お礼の品）の関係です。

　通常、ふるさと納税のお礼の品の定価は、寄付金の金額に対して3割程度までと言われています。したがって、1万円の寄付をしたからと言って、定価ベースで1万円の商品を返礼品としてもらえるわけではないことを理解いただいたうえで、ふるさと納税をご活用ください。

　これらのケースからわかるように、ふるさと納税を上手に活用することで、少額の自己負担で多くの特産品を楽しみつつ、地域に貢献することができます。ふるさと納税は、節税効果だけでなく、地域活性化にも寄与する素晴らしい制度です。

2 個人型確定拠出年金 (iDeCo)

1 公的年金制度

　iDeCoをよりよく理解するためには、年金制度の全体像を理解していただく必要があります。

　年金には公的年金と私的年金があり、公的年金の代表的なものが、国民年金と厚生年金です。

　国民年金は、日本に住む20歳以上60歳未満の全員（日本に住んでいる外国人を含む）が入る年金制度です。現状の制度では、20歳から60歳までの40年間にわたり、毎月保険料を納付し、65歳になったら老齢基礎年金という年金を受け取ることができます。国民年金加入者が支払う年金の金額は、毎月約1万7000円、年間で約20万円になります。40年間支払い続けると合計は約800万円となります。

　これに対して、65歳になり40年間かけ続けた人が受け取る年金の満額は、月額約6万6000円、年額で約80万円です。年金の運用益など無視して単純に考えると、10年で800万円となります。すなわち、65歳からもらい始めて10年間もらい続ければ元が取れるということになります。

　しかし、月額6万6000円ではたとえ持ち家があっても、生活は難しいでしょう。さらに、年金を納めた期間が40年に満

たない場合には、年金額は減少します。

　国民年金は日本に住むすべての人が加入するのに対し、サラリーマンや公務員が加入しているのが厚生年金です。厚生年金も公的年金の代表的な年金制度であり、厚生年金に入っている人は、自動的に国民年金にも加入していることになっています。厚生年金は国民年金の上乗せ部分として、原則として65歳以上の人に支給されます。

　厚生労働省のデータによれば、自営業やフリーランスといった会社員ではない人の平均的な国民年金の受給金額は5万6000〜5万7000円程度、会社員や公務員など厚生年金加入者の平均的な受給金額は14万円台（国民年金分も含む）となっています。公的年金で月額20万円を超えるのは、少数派ということになります。

　しかも、今後ますます高齢化が進むことになりますから、国の年金財政は苦しく、十分な年金を支払うことは難しい状況です。そこで、公的年金の不足部分を補うという意味でも、私的年金の存在は重要であり、税制優遇措置を設けて、国としても私的年金の推進拡大の後押しをしています。

2　個人型確定拠出年金（iDeCo）

　私的年金の代表的なものには、個人型確定拠出年金 iDeCo、企業型確定拠出年金、企業型確定給付年金などがあります。私的年金とは、各個人が自分の老後のために自己資金で積み立てしている年金を言います。この項では、個人で比較的自由に加入できる iDeCo について見ていくことにします。

　iDeCo を日本語で書くと、「個人型確定拠出年金」となり、

それぞれの単語を英語に直して略称にしたものを iDeCo と呼んでいます。すなわち、「個人型（individual-type）確定（Defined）拠出（Contribution）年金（pension-plan）」のアルファベットの頭文字から作成した造語になります。

iDeCo は、自分で拠出額を決め、その運用実績によって将来の年金額が決まる私的年金制度です。公的年金とは異なり、任意加入の制度であり、積立時の節税効果が高いことから注目されています。

iDeCo は国が制度を設け、金融機関が運営しています。2001年に導入され、日本国内に住む20歳以上65歳未満のサラリーマンやその他国民年金被保険者が加入可能です。

基本的な考え方は、公的年金に追加して年金を確保するために、自分自身で自分の年金を積み立てる制度になります。自分で積み立てるのであれば、銀行で積立定期預金をしてもよいのですが、そのような積立定期と比較して、加入者に掛金部分を所得控除できるという税制上の優遇措置が施されています。したがって、もし定期預金を行う余裕資金があれば、iDeCo を始めたほうがよいかもしれません。

3　iDeCoの加入者数

iDeCo の制度自体は2002年にスタートし、その後徐々に加入者が増加し、2023年7月には300万人を突破し、328万人が加入しています（2024年3月現在）。日本の人口が1億2000万人として、iDeCo に加入資格のある年齢、20歳から64歳までの人口を6600万人と仮定すると、約5％、20人に1人がiDeCo に加入していることになります。

4　iDeCoの仕組み

　iDeCoでは、毎月の拠出金を自分で設定した運用商品（例えば投資信託や定期預金など）に投資します。積み立てた資産は原則として60歳以降に一括または分割で受け取ります。以下でその仕組みを詳しく見ていきます。

1）拠出金額の設定
　iDeCoの拠出金額は、毎月5000円から上限額まで1000円単位で自由に設定できます。上限額は職業等によって異なり、次のようになります（2024年12月１日現在）。

・自営業者など　　　　　　　　　上限　月額　６万8000円
・専業主婦　　　　　　　　　　　上限　月額　２万3000円
・会社員（企業年金等未加入）　　上限　月額　２万3000円
・会社員（企業型DCに加入）　　　上限　月額　２万円
・会社員（確定給付年金に加入）上限　月額　２万円
・公務員　　　　　　　　　　　　上限　月額　２万円

2）運用商品選択
　加入者は、自身のリスク許容度や運用目的に応じて、複数の運用商品から選択します。主な商品には以下のようなものがあります。

・**定期預金**：元本保証があり、安全性が高いが、利回りは低い。
・**投資信託**：リスクはあるが、運用成績次第で高い運用収益が

期待できる。株式型、債券型、バランス型などの種類がある。

3）資産の運用と受取

　積み立てた資産は60歳以降に受け取ります。受け取り方法には一括受取、分割受取、またはその併用があります。受取時には一時金として受け取る場合には退職所得控除、年金として受け取る場合には公的年金等控除が適用されます。

5　iDeCoのメリット

1）節税効果

　iDeCo の最大のメリットは節税効果です。拠出時、運用時、受取時の3段階で税制優遇措置が受けられます。

　・拠出時：毎月の拠出金額が全額所得控除されます。つまり、所得税および住民税の課税対象額が減るため、節税効果が大きいです。例えば、月額2万3000円を拠出した場合、年間で27万6000円の所得控除を受けることができます。

　ここで所得控除の意味ですが、第1章の所得税の仕組みを思い出してください。27万6000円全額の税金が安くなるわけではなく、この金額の分だけ課税所得が減少します。すなわち、27万6000円に税率を乗じた分だけ支払う税金が少なくなる（得をする）ということです。

　例えば、iDeCo 加入前の年収700万円で課税所得が360万円程度の人であれば、**限界税率**（注1）は、所得税20％＋住民税10％＝合計30％となります（図表2－4）から、27万6000円×30％＝8万2800円の節税につながるということです。

年 収	400万円	500万円	600万円	700万円	800万円	1000万円	1500万円	2000万円
所得税の限界税率	5%	10%	10%	20%	20%	20%	33%	33%
住民税の限界税率	10%	10%	10%	10%	10%	10%	10%	10%
所得税＋住民税	15%	20%	20%	30%	30%	30%	43%	43%

（注）単純化するため、復興特別所得税部分は無視しています。

　毎月2万3000円を積み立てると1年間で27万6000円を積み立てることになり、結果として8万2800円の節税効果が見込めます。

（注1）限界税率　限界税率とは、現在の所得水準で、その所得が多少上がったり下がったりしたときに影響を受ける税率を指します。住民税は所得水準にかかわらず一定ですが、所得税は累進税率のため、限界税率という考え方で所得控除額が税率に与える影響を検討することになります。

・運用時：運用益に対して通常課税される20.315%の税金が非課税となります。これにより、効率的に資産を増やすことができます。加入から日が浅い段階では、それほどの運用益は見込めませんが、長期にわたってかけていると元本部分も徐々に積み上がり、それなりの運用益が期待できるようになります。個人で普通に株式投資などをする場合には、運用益に課税されるところ、iDeCoにおいては運用益にも課税されないためとて

もお得と言えます。

・**受取時**：一時金で受け取る場合は退職所得控除を適用でき、税負担を軽減できます。年金として受け取る場合は、iDeCoは私的年金ではありますが、公的年金等控除が適用され、税負担が軽減されます。

2）老後資金の計画的な準備

iDeCo は、毎月決まった金額を自分で積み立てを行い運用するため、計画的に老後資金を準備する手助けとなります。公的年金だけでは不足する可能性がある老後資金を補うことができます。また、iDeCo で預けた資金は、破産した場合であっても原則として差し押さえの対象にはならず、守られることになります。

6 iDeCoのデメリット

1）途中解約できない

iDeCo で積み立てた資産は、原則として60歳まで引き出すことができません。そのため、急な出費やライフイベントに対応するための資金としては適していません。ただし、掛金を一時停止したり、途中で金額を変更することは可能です。

2）運用リスク

運用商品によっては元本割れのリスクがあります。特に株式型投資信託などリスクの高い商品を選んだ場合、運用次第で元本を下回る可能性があります。

3）手数料がかかる

iDeCoには口座管理手数料や運用商品にかかる信託報酬などの費用が発生します。金融機関によって手数料の設定が異なるため、加入前に詳細を確認することが重要です。

4）受取時に課税される

60歳を過ぎて一時金または年金として受け取る際に課税の対象となります。掛金支払い時に所得控除されているため、国民年金や厚生年金などの公的年金とのバランスを考えると当然と言えば当然ですが、ＮＩＳＡと比較した場合に、ＮＩＳＡであれば解約して受け取る際に課税されないことを考えると、受け取り時に課税されるのは、優遇措置があるといえどデメリットとして挙げておきます。

7　iDeCoの利用例

事例：会社員（年収500万円）

会社員Ｃさん（45歳、独身）は、将来の老後資金を確保するためにiDeCoを始めました。月額２万3000円を積み立て、運用商品としてリスク分散を図るためにバランス型の投資信託を選択しました。

・**節税効果**：年間27万6000円の所得控除を受け、所得税と住民税が年間で約５万5200円減少しました。20年間で約100万円を超える節税となります。

もし、Ｃさんが出世して年収が上昇し、例えば、年収700万円になったら、所得税と住民税の年間節税額は８万2800円と

なり、節税効果がさらに大きくなります。

・運用効果：20年間積み立てを続け、運用利回り年率3％を想定すると、552万円の元本積立額が約700万円に成長。

・受取時の税制優遇

　iDeCo は、60歳以上75歳未満の期間について受け取りを開始することができます。700万円を一時金として受け取る場合に所得税法上は退職所得となり、もし勤務先から同時期に退職金を受け取らない場合には、退職所得控除が800万円（40万円×20年）まで適用できるため、結果的に iDeCo の一時金受け取り時には、所得税および住民税はかかりません。

　もし、勤務先を同時に退職し、退職金をもらった場合には、勤務先からの退職金と iDeCo の一時金を合算して、所得税および住民税の計算をすることになります。

　なお、退職金に対する税金は、退職所得控除を引いて残高が残っている場合には、その金額をさらに2分の1にできるという特典があり、また分離課税として同じ年に給与所得があったとしても、給与所得とは分離して税額の算出を行いますので、税額は比較的低く抑えることができます。

　Cさんは、iDeCo の受け取り時において、年金の形で受け取ることもできます。年金としての受け取り期間は、5年以上20年以下の期間で分割して受け取ることができます。年金で受け取る場合には、国民年金、厚生年金等の公的年金を受け取っている場合には、iDeCo の受取額についても公的年金の受け取りと同様とみなされ、雑所得として確定申告の対象となります。このとき、年金収入金額に応じて、一定の計算式により公的年金等の控除を受けることができます。

　また、一時金での受け取りと年金での受け取りを併用するこ

とも可能です。例えば、65歳のときに一時金として一部を受け取り、残りを年金として15年間で分割して受け取るといった選択が可能です。この場合には、一時金として受け取った金額については退職所得となり、年金として受け取った金額に対しては雑所得となります、

　Cさんのケースでは、iDeCoを活用することで節税効果を最大限に享受しつつ、効率的に老後資金を準備することができました。高収入の会社員にとって、iDeCoは将来の不安を軽減し資産形成をサポートする有力な手段です。適切な運用商品を選び、長期的な視点で積み立てを続けることで、安心して老後を迎えるための準備が整います。

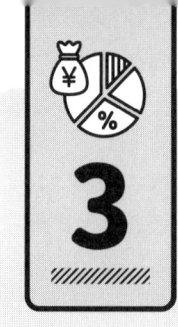

3 NISA

1 NISAの概要

　NISA（少額投資非課税制度）は、2014年1月に日本における株式や投資信託の投資金における売却益と配当への税率を一定の制限のもとで非課税とする制度として開始されました。この制度は、イギリスのISA（Individual Savings Account=個人貯蓄口座）をモデルにした日本版ISAとして、NISA（ニーサ／Nippon Individual Savings Account）という愛称がつけられました。

　2024年1月からは、新しいNISAが開始され、非課税期間を恒久化し、保有限度額を拡大するなど国民にとってより使いやすくする方向での変更がされました。

　2024年3月末時点でNISA口座数は2322万口座です。NISA口座は、一人につき1口座しか開設できないため、現在2322万人が利用しているということになります。前項で解説したiDeCoの加入者数が328万人（2024年3月末現在）となっているのと比較すると、約7倍の人がNISA口座を持っているということになります。

2 NISAの目的とiDeCoとの違い

　NISA と iDeCo は、いずれもアルファベット表示されていることから、混同してしまっている方もいますが、この２つの制度は異なるものです。iDeCo は、国が行う国民年金、厚生年金を補完する制度として、設計された私的年金制度であり、老後の安心のための積立貯金のようなものです。

　一方 NISA は、国民の貯蓄と財産形成を促進するための制度で、一定金額までの個人の上場株式や投資信託等の運用益や

[図表2-5] NISAとiDeCoの比較

	NISA	iDeCo
対象年齢	18歳以上	20歳以上65歳未満
年間投資上限	360万円	24万円 ～ 81万6000円
目的	個人の資産形成	老後資金の確保
事務手数料	原則なし	あり（少額）
資金の引き出し	いつでも可能	60歳まで引き出しできない
拠出時の税金	（所得控除は適用外）	掛金が所得控除できる
運用時の税金	運用益は非課税	運用益は非課税
受取時の税金	非課税	原則課税（退職所得または雑所得）

（2024年12月1日現在）

売却益に税金をかけないことを約束することにより、個人の財産形成を助ける制度です。NISA の利用者が増えることにより、株式市場に一定の資金が流れることになり、日本経済の活性化にもつながります。

　また、近年、外国人投資家による日本株の買い増し等にも対抗できることになり、経済安全保障という観点からも多くの国民が株式投資を行うことは好ましい状況であると言えます。

3　NISAの仕組み

　証券会社等を使い株式投資をする場合、一般口座もしくは特定口座を開設し、上場株式や投資信託などを買うことができます。しかし、配当金などの運用益が生じた場合、20.315% の割合で源泉徴収されることになります。あるいは、源泉徴収をしない選択も可能ですが、その場合には確定申告義務が発生し、いずれにせよ納税義務が生じることになります。また、株式などを売却して利益が出た場合には、その利益部分（キャピタルゲイン）に対しても課税されることになります。

　NISA では、配当金や売却益（キャピタルゲイン）を非課税にすることにより、国民による株式等への投資を促進し、各個人の財産形成を助けようという制度です。

　NISA 投資には次の2種類があります。

1）成長投資枠

　年間240万円を限度に、株式、投資信託の購入ができます。対象となるのは、上場株式、投資信託、上場投資信託（ETF）、不動産投資信託（REIT）などがあります。

2）つみたて投資枠

　月額10万円を限度として、毎月一定の日に積立投資を行う仕組みとなっており、年間120万円まで投資できます。対象となるのは金融庁が指定した投資信託、上場投資信託（ETF）です。

　上記の成長投資枠（年間240万円）とつみたて投資枠（年間120万円）を2つ合わせて、年間360万円までの投資が可能となっています。ただし、保有資産の上限が定められており、2種類合わせて1800万円まで、そして、成長投資枠のみの利用の場合には1200万円が限度額となります。

　通常の株式投資を行うための一般口座や特定口座であれば、複数の証券会社で口座開設ができますので、一人で3つ、4つ、もしくはそれ以上の口座を持っている投資家も珍しくありませんが、NISA については、非課税という優遇制度の適用があるため、一人1口座しか持つことができません。

4　NISAの申し込み

　NISA は、NISA の取り扱いをしている金融機関で申し込みをすることができます。2024年3月末現在で成長投資枠の取り扱いをしている金融機関は697法人、つみたて投資枠の取り扱いをしている金融機関は666法人あります。

　ほとんどの金融機関では、成長投資枠とつみたて投資枠の両方を取り扱っていますが、いずれか一方しか取り扱いのない金融機関もありますので注意が必要です。

　多くの金融機関では、オンラインによる申請が可能となっていますので、オンラインのほうが金融機関内部での手間が省けるため、窓口で行うよりも早く開設できる場合が多いです。

NISAは投資商品として上場株式や投資信託を扱うことから、証券会社に申し込みをする方が多いと思われます。証券会社で申し込みをされる場合には、すでに口座を持っている方を除き、NISA口座のみではなくNISA以外の通常の口座も作成することになります。その際、一般口座にするか特定口座にするかの選択があります。特定口座にする場合には、「源泉徴収あり」と「源泉徴収なし」のいずれかを選ぶことができます。

　もしこのような選択の場面になったら、初心者の方には、「特定口座（源泉徴収あり）」がおすすめです。これを選んでおけば、NISA以外の株式等の運用益（配当など）に対して、源泉徴収をされてしまいますが、確定申告を省略することができるため最も面倒が少ない方法となります。

　他の２つの方法、すなわち「一般口座」または「特定口座（源泉徴収なし）」の場合には、原則として確定申告義務が発生します。

5　NISAの節税効果の具体例

　NISAの節税効果を具体的に見てみましょう。

1）成長投資枠を利用した場合

　例えば、年間120万円を５年間投資した場合、５年間での総投資額は600万円になります。仮に、５年間の配当収入が100万円あったと仮定し、さらにもしNISAを行っていないと仮定した場合（配当所得は納税者の所得状況によって税率は一定ではないですが）、仮に約20％の税負担と考えると、ＮＩＳＡ口座で運用することにより配当金に対する税金が免除されるた

め、20万円の節税ができたことになります。さらに、もし株式等が値上がりしていれば、株式の売却時に発生する譲渡所得に対する税金も免除されます。

2）つみたて投資枠を利用した場合

つみたて投資枠を利用した場合も、成長投資枠を利用した場合と同様の考え方により、投資商品に対する配当所得は非課税になり、株式等を売却する際の譲渡所得税もかかりません。

6　NISAの注意点（リスク要因）

NISA で投資する商品にはリスクが伴います。特に株式や投資信託は市場の変動により元本割れのリスクがあるため、大きく儲かることもありますが、損をするリスクもありますので、大きなリスクを取りたくない場合には、できるだけ安全性の高い金融商品を選び、分散した投資を行うことが重要です。

株式や投資信託への投資は、あくまで余裕資金でやるべきであるというのが私の持論です。

持っている貯金の大部分を使って、NISA に資金を預けた場合、もし万一のことが発生し、まとまったお金が必要になったときに十分な対応ができないようでは困ります。

したがって、個人のライフステージや家庭の状況にもよりますが、理想的には、ある程度の余裕資金はキャッシュで準備しておき、さらに余裕がある場合に NISA などの投資に資金を使うべきだと考えます。

［図表2-6］日経平均の歴史

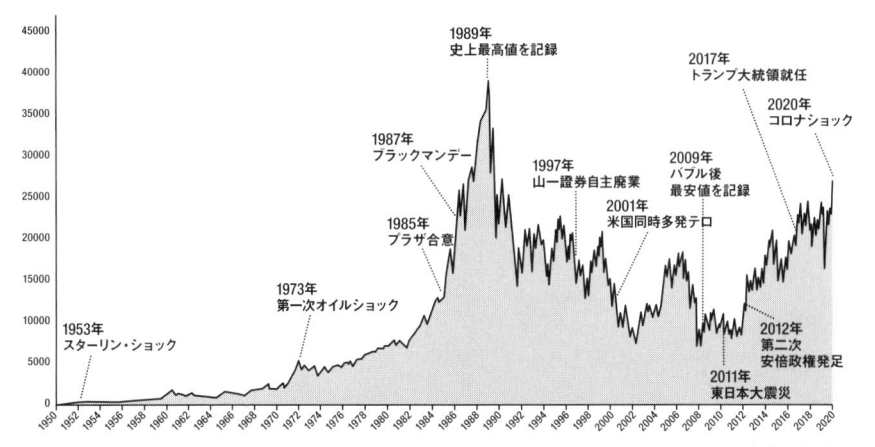

出所：IG証券

投資信託とは

　複数の投資家から資金を集め、投資の専門家が運用を行う仕組みを投資信託と言います。主に上場株式等を対象として運用するものを株式投資信託、社債等の債券を購入して運用するものを債券投資信託、不動産を購入して運用するものを不動産投資信託（REIT）と言います。

　投資信託が組成された場合には、通常「販売会社」、「運用会社（委託者）」、「信託銀行（受託者）」がそれぞれの役割を果たします。販売会社というのは、証券会社や銀行などで、一般の投資家から支店窓口やインターネットサイトから投資信託の申し込みを受け付け、資金を集めます。「運用会社」は、投資信託の開発・運用を担います。すなわち、XX投資信託という商品を開発し、実際の運用の指図を行います。

　運用会社が投資家からの財産を預かるわけではなく、「信託銀行」が投資家の財産を預かります。信託銀行は、投資家から預かった財産を運用会社からの指図に基づき、保管・管理します。

[図表2-7] 投資信託の仕組み

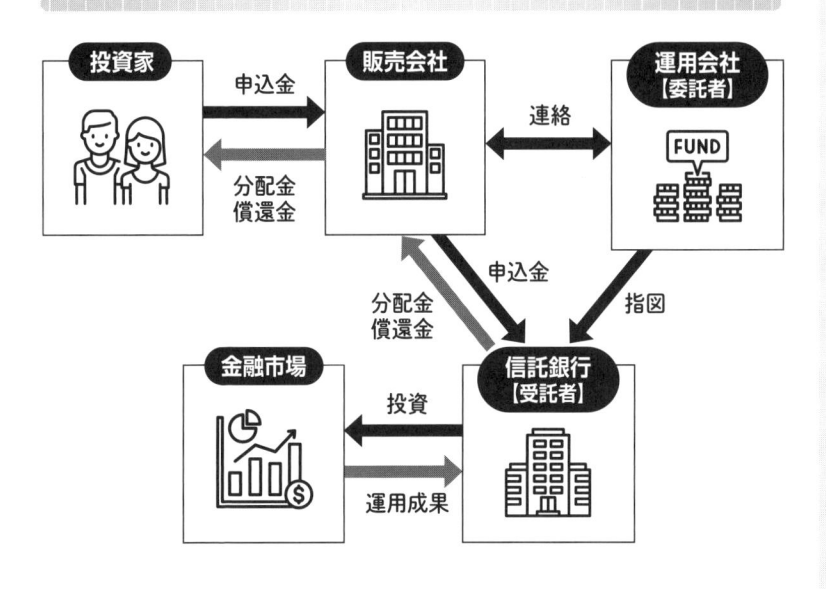

第 3 章

節税の基本は
確定申告

この章を読んでいただくと次のことがわかります

▶ 医療費控除の概要と申告の方法

▶ 住宅ローン控除を使った節税の方法

▶ 副業を行う場合の確定申告の留意点

▶ サラリーマンが個別の必要経費を申告する条件と方法

1 確定申告で税金を取り戻そう!

　大部分のサラリーマンは、会社が行う年末調整の手続きを通して1年間の税額を確定するので確定申告をする必要はありません。したがって、確定申告と言っても、どんな手続きをするのかよくわからないという方が大半です。

　実際の様々な確定申告を経験した中から、どのような方法で税金を取り戻すようにするかというノウハウについて、ご紹介します。

1 確定申告すべき人

　税金を取り戻す話に入る前に、まずは、サラリーマンが確定申告すべき場合を例示します。

・給与の年間収入が2000万円を超えた場合
・源泉徴収義務のない者（外国法人等）から給与の支払いを受けている場合
・2か所以上の会社に勤務している場合
・副業として、個人事業等を行っている場合（注1）
・自己所有の不動産を売って、利益（所得）が出た場合
・株式投資による配当金や売却益がある場合
・投資用不動産を持っており、家賃収入がある場合

・勤務先の株式を無償もしくは低額で取得した場合

・働きながら老齢年金を受け取っている場合（注2）

・年間50万円以上の一時所得がある場合

（注1）ただし、給与所得以外の所得が20万円以下の場合には、確定申告の義務はありません。

（注2）公的年金収入は、65歳未満か65歳以上かに応じて、あらかじめ定められた計算式で一定の控除ができ、控除後の金額が所得になります。

2 確定申告できる人

　次に、確定申告できる場合とは、税金を返金してもらう場合、すなわち還付申告のケースです。これらのケースでは、確定申告することもできますし、面倒だから還付申告しないということも可能です。

・ふるさと納税（寄付金控除）の申告

・医療費控除の申告

・住宅ローン控除（1年目）の申告

・災害等による損失の計上（雑損控除）

・サラリーマンの特定支出控除の適用

・年の途中で退職し年末調整していない場合

　以下では、押さえておきたい還付申告のケースとして、医療費控除、住宅ローン控除、副業の場合の確定申告、特定支出控除について詳しく見ていくことにします。

2 医療費控除の上手な活用法

1 医療費控除とは

　医療費控除は、第1章で説明した所得控除の一つになります。1月1日から12月31日までの間に支払った医療費の合計が一定金額以上の場合に、支払った医療費の合計金額から10万円を差し引いた金額を、医療費控除として所得から差し引くことができます（ただし、総所得金額が200万円未満の方については、総所得金額の5％の金額を医療費から差し引きます）。

　あくまで支払いを行った日の属する年の医療費になるという点にご注意ください。例えば、年末に病院へ行って診察してもらい治療を受けた場合でも、その支払いが翌年になった場合には支払いが行われた年の医療費になります。

　計算式で示すと次の通りです。

> **年間医療費**（注1）**－10万円**（注2）**＝**
> **医療費控除の金額**（注3）

（注1）保険金等で補填される金額があれば控除します。
（注2）総所得金額が200万円未満の場合には、総所得金額等×5％にな

ります。

（注3）医療費控除の最高限度額は200万円になります。

2　いくら節税できる？

　さて、医療費控除の金額の計算方法がわかったところで、次にいくらの節税効果があるかを検討しましょう。

　例えば単身で年収500万円の会社員の所得税の限界税率は10%になります（図表3－1参照）。住民税率は10%なので、所得税と住民税とを合わせた限界税率は20%になります。仮に年間医療費の金額が25万円だとすると、医療費控除の金額は25万円－10万円＝15万円になります。したがって、年収500万円の会社員の医療費控除の確定申告を行うと、15万円×20%＝3万円の節税効果があります。3万円のうち半分の1万5000円については、所得税部分として確定申告することにより還付を受けることができます。残りの1万5000円については、住民税部分として申告対象年の翌年の6月以降に給与から天引きされる住民税が年間トータルで1万5000円減額になります。

　所得税については、納税者の預金口座に税金が還付されるため効果がわかりやすいのに対し、住民税については、将来支払う税金が減額されるということで効果が伝わりにくいですが、医療費控除は所得税だけでなく住民税にも適用されるので、目に見える還付金額だけでなく、住民税部分も節税になっていることをご理解ください。

　限界税率につきましては、単身者の年収に応じたものを再掲しました（図表3－1）ので参考にしてください。

　所得税と住民税を含めた限界税率は、例えば年収500万円で

あれば20% ですが、年収が1000万円であれば30% になりますので、支払った医療費が同額であっても、年収が高い人のほうが節税効果が高いことがおわかりいただけると思います。

[図表3-1] 単身者の年収と限界税率

年 収	400万円	500万円	600万円	700万円	800万円	1000万円	1500万円	2000万円
所得税の限界税率	5%	10%	10%	20%	20%	20%	33%	33%
住民税の限界税率	10%	10%	10%	10%	10%	10%	10%	10%
所得税＋住民税	15%	20%	20%	30%	30%	30%	43%	43%

（注）単純化するため、復興特別所得税部分は無視しています。

3 医療費控除の対象となる医療費

医療費控除の対象となる医療費は、病院や診療所へ支払った保険診療分のみではなく、保険対象外の金歯を入れるなどの歯科治療なども対象になります。子供の歯科矯正費用も通常医療費控除の対象になります。また、生計を一にする親の介護費用を負担している場合にも、支払額を医療費控除として申請することができます。

たとえば親が介護保険の提供を受けている場合、その費用の一部は介護保険から補助されますが、自己負担部分についての支出を、対象となる納税者（子）が負担している場合にはその

子供の確定申告において医療費控除の対象となります。親の風邪の治療のため、子が負担した一般的な医薬品の購入費用についてもその子供の医療費控除の対象になりますので、薬局の領収書などについても、こまめに残しておくようにしましょう。

図表3－2に一般に認められている医療費控除を例示していますので参考にしてください。

4　医療費控除の対象にならないもの

医療費控除の対象とならない支出には、次のようなものがあります。

- ・容姿を美化し、容貌を変えるなどの目的で行った美容整形手術の費用
- ・一般的な健康診断費用
- ・公共交通機関が利用できるのにタクシーを利用して病院へ行ったタクシー代
- ・自家用車で通院する場合のガソリン代や駐車料金
- ・治療に直接必要でない近視や遠視の眼鏡、補聴器等の購入費用
- ・親族に支払う療養上の世話の対価
- ・予防接種やサプリメント等の費用　など

[図表3-2] 医療費控除の対象となる医療費

医療費控除の対象	控除の対象に含まれるものの例
◆医師、歯科医師による診療や治療の対価 ◆治療のためのあん摩マッサージ指圧師、はり師、きゅう師、柔道整復師などによる施術の対価 ◆助産師による分べんの介助の対価 ◆医師等による一定の特定保健指導の対価 ◆介護福祉士等による曙喀痰吸引等の対価	◆医師等による診療等を受けるために直接必要なもので、次のような費用 ・通院費 ・医師等の送迎費 ・入院の対価として支払う部屋代や食事代 ・医療用器具の購入や賃借のための費用 ・義手、義足、松葉づえ、義歯、眼鏡や補聴器等の購入の費用 ・身体障害者福祉法などの規定により、都道府県や市町村に納付する費用のうち、医師等の診療費用などに当たるもの ・6か月以上の寝たきりの人のおむつ代で、その人の治療をしている医師が発行した証明書（「おむつ使用証明書」）のあるもの ◆介護保険制度の下で提供される一定の施設・居宅サービス等の対価
◆保健師や看護師、准看護師による療養上の世話の対価	◆左記以外で、療養上の世話を受けるために特に依頼した人に支払う療養上の世話の対価
◆治療や療養に必要な医薬品の購入の対価	◆かぜの治療のために使用した一般的な医薬品の購入費用 ◆医師等の処方や指示により医師等による診療等を受けるため直接必要なものとして購入する医薬品の購入費用
◆病院、診療所又は助産所などへ収容されるための人的役務の提供の対価	◆病状からみて急を要する場合に病院に収容されるための費用

出所：国税庁「医療費控除を受けられる方へ」

5 家族の医療費

　生計を一にする親族の医療費を負担した場合にも医療費控除の対象になります。したがって共働きの家庭の場合には、夫婦別々に医療費の負担をするよりも、所得の多いほうの人が家族全員分の医療費を負担したほうが、節税効果は大きくなります。

　例えば、年収1000万円の夫と年収600万円の妻と小学生の子供の家族の場合には、年収1000万円の夫が全額医療費を負担し、家族全員の医療費控除を受けるのが最も節税効果が大きくなります。

6 医療費控除の手続き

　実際の確定申告手続きに関し、いくつかポイントを説明します。

1）事前準備

　支払った医療費の領収証をもとに確定申告時期に医療費控除の明細書を作成して申告書に添付する必要があります。支払先（病院等）の名称、支払った金額の情報が必要になりますので、医療機関から発行された領収証は、保管場所を決めて保管するようにしましょう。

2）医療費明細の作成

　図表3－3のフォームで、医療費控除の明細書を作成し確定申告書に添付していただく必要があります。国税庁のサイトで、「医療費控除」のキーワードで検索いただければ同様の明細書

をダウンロードすることができます。

　また、エクセルが使える場合にはエクセルフォームもダウンロードすることが可能です。医療費の領収証の原本は、税務署に提出する必要はありません。ただし、ご自身で保管いただき、税務署からの要請があればいつでも提示できるようにしていただく必要があります。領収証等の保管期間は申告期限の翌日から５年間となっています。

3）医療費通知の活用

　原則としては、図表３－３のフォームによる医療費控除の明細書を作成して添付いただく必要がありますが、「医療保険者等から交付を受けた医療費通知」がある場合は、医療費通知を添付することによって明細書の添付を省略することができます。

　例えば、多くの中小企業が加入している全国健康保険協会では、通常年１回「医療費のお知らせ」を各加入者に発送しています。2023年分については、2024年１月に、2022年10月から2023年８月までの本人と扶養家族分の保険医療の対象になった明細が記載されていました。

　このような場合、８月までの保険医療対象部分は、その医療費通知を添付し、2023年９月分から12月分までの医療費は、保管している領収証を医療費控除の明細書に取りまとめて、さらに保険対象外の2024年分の医療費があればそれらも医療費控除の明細書に加えて、医療費控除の申告をすることになります。

　なお、ここで説明した医療費通知には、次の事項が記載されている必要があります。

年分　医療費控除の明細書【内訳書】

※この控除を受ける方は、セルフメディケーション税制は受けられません。

住所　　　　　　　　　　　　　　　　　　　　氏名

1 医療費通知に記載された事項

医療費通知（※）を添付する場合、右記の(1)～(3)を記入します。

※医療保険者等が発行する医療費の額等を通知する書類で、次の5項目が記載されたものをいいます。
（例）健康保険組合等が発行する「医療費のお知らせ」
①被保険者等の氏名、②療養を受けた年月、③療養を受けた者の氏名、④療養を受けた病院・診療所・薬局等の名称、⑤被保険者等が支払った医療費の額、⑥保険者等の名称

(1) 医療費通知に記載された医療費の額（自己負担額）(注)	(2) (1)のうちその年中に実際に支払った医療費の額	(3) (2)のうち生命保険や社会保険（高額療養費など）などで補てんされる金額
円	円	円

(注) 医療費通知には前年中支払分の医療費が記載されている場合がありますのでご注意ください。

2 医療費（上記1以外）の明細

「領収書1枚」ごとではなく、「医療を受けた方」・「病院等」ごとにまとめて記入できます。

(1) 医療を受けた方の氏名	(2) 病院・薬局などの支払先の名称	(3) 医療費の区分		(4) 支払った医療費の額	(5) (4)のうち生命保険や社会保険（高額療養費など）などで補てんされる金額
		□診療・治療 □医薬品購入	□介護保険サービス □その他の医療費	円	円
		□診療・治療 □医薬品購入	□介護保険サービス □その他の医療費		
		□診療・治療 □医薬品購入	□介護保険サービス □その他の医療費		
		□診療・治療 □医薬品購入	□介護保険サービス □その他の医療費		
		□診療・治療 □医薬品購入	□介護保険サービス □その他の医療費		
		□診療・治療 □医薬品購入	□介護保険サービス □その他の医療費		
		□診療・治療 □医薬品購入	□介護保険サービス □その他の医療費		
		□診療・治療 □医薬品購入	□介護保険サービス □その他の医療費		
		□診療・治療 □医薬品購入	□介護保険サービス □その他の医療費		
		□診療・治療 □医薬品購入	□介護保険サービス □その他の医療費		
		□診療・治療 □医薬品購入	□介護保険サービス □その他の医療費		
	2 の 合 計			㋒	㋔

医 療 費 の 合 計	A (㋐+㋒) 円	B (㋑+㋔) 円

3 控除額の計算

支払った医療費	(合計) 円	A
保険金などで補てんされる金額		B
差引金額 (A － B)	(マイナスのときは0円)	C
所得金額の合計額		D
D ×0.05	(赤字のときは0円)	E
E と10万円のいずれか少ない方の金額		F
医療費控除額 (C － F)	(最高200万円、赤字のときは0円)	G

申告書第一表の「所得金額等」の合計欄の金額を転記します。
(注) 次の場合には、それぞれの金額を加算します。
・退職所得及び山林所得がある場合……その所得金額
・ほかに申告分離課税の所得がある場合……その所得金額（特別控除前の金額）
なお、損失申告の場合には、申告書第四表（損失申告用）の「4 繰越損失を差し引く計算」欄のⓑの金額を転記します。

申告書第一表の「所得から差し引かれる金額」の医療費控除欄に転記します。

05.11

（欄外）この明細書は、申告書と一緒に提出してください。

出所：国税庁

（1）被保険者等の氏名、（2）療養を受けた年月、（3）療養を受けた者、（4）療養を受けた病院、診療所、薬局等の名称、（5）被保険者等が支払った医療費の額、（6）保険者等の名称

4）e-Tax の利用

　確定申告を e-Tax（国税の電子申告）を利用して送信する場合には、医療費通知に記載されている事項を「医療費控除の明細書」に入力して送信することにより、医療費通知の添付を省略することができます。この場合には、オリジナルの通知書を申告期限の翌日から5年間保管し、税務署からの要請があればいつでも提示できるようにしていただく必要があります。

7　セルフメディケーション税制

1）概要

　総所得金額等が200万円以上の方（給与年収ベースでおおむね300万円以上の方）は、医療費控除の適用には、年間10万円を超える医療費の支払いが必要条件となります。

　単身でほとんど病院へ行くこともなく元気で過ごされている方の場合には、年間で支払う医療費が10万円を超える可能性は低いと思われます。

　そのような場合にも適用できる節税のための制度として、セルフメディケーション税制があります。

　国としては、医療費の増大を抑え、各個人が自分自身で健康管理を行い、なるべく病院等に行かないで自分で病気を治すように努力することを推奨することとし、セルフメディケーション税制が、2017年1月から2021年12月までの5年間の時限立

法としてスタートしました。その後2026年12月末までさらに延長されました。

　薬局で購入した一定の医薬品の年間に支払った金額が1万2000円以上10万円までの範囲で所得控除を受けることができます。年間の医療費の支払いが少ない方用の、簡易版医療費控除の制度と考えてください。なおこの制度は、通常の医療費控除と併用することはできず、どちらか一方の制度により申告することになります。

2）内容（適用要件）

　次の2つの条件を満たすことが必要になります。

①「健康の保持増進及び疾病の予防に関する一定の取組」を行っていること

　上記の取組については、具体的には、次の（1）から（6）のいずれかを言います。

（1）保険者（健康保険組合等）が実施する健康診査
　　　【人間ドック、各種健（検）診等】
（2）市区町村が健康増進事業として行う健康診査
（3）予防接種
　　　【定期接種、インフルエンザワクチンの予防接種】
（4）勤務先で実施する定期健康診断【事業主検診】
（5）特定健康診査（いわゆるメタボ検診）、特定保健指導
（6）市区町村が健康増進事業として実施するがん検診

②対象となる医薬品を薬局等で購入していること

対象となる医薬品は、スイッチ OTC 医薬品、または同等のものです。

※スイッチ OTC 医薬品に該当するかどうかについては、薬局で薬を購入した際にレシートを見ていただければ、★印等で表示されています（図表3－4参照）。

［図表3-4］OTC医薬品の判定

領収書の表示例

セルフメディケーション税制の対象とされる医薬品は、購入した際の領収書（レシート）に控除対象であることが記載されています。

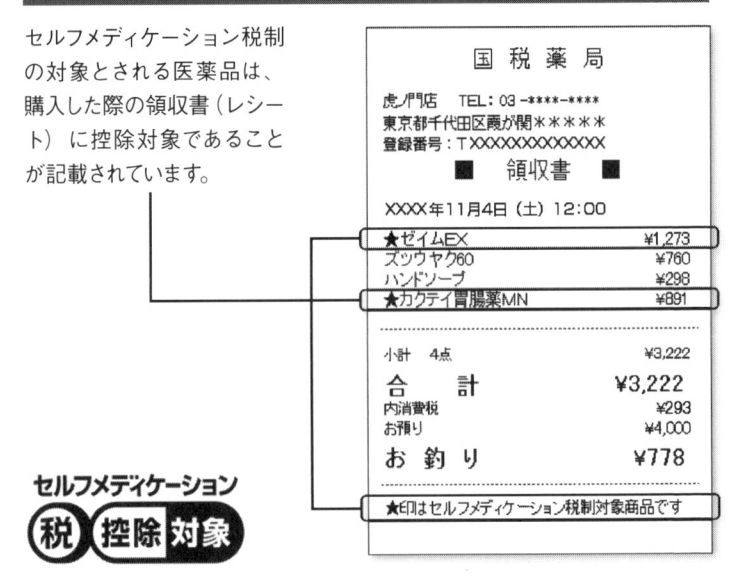

一部の対象医薬品については、その医薬品のパッケージにセルフメディケーション税制の対象である旨を示す識別マークが掲載されています。

出所：国税庁「令和5年分確定申告特集（セルフメディケーション税制とは）」

3）節税金額

　1年間に支払った医薬品の金額から1万2000円を控除した金額を、医療費控除として所得金額から差し引くことができます。

　ただし、所得から控除できる金額は、8万8000円が限度となります（通常の医療費控除は200万円が限度額です）。なお、扶養親族のために購入した医薬品も対象になります。

　仮に、年間の対象医薬品の購入金額が5万2000円あったとすると、5万2000円から1万2000円を引いた4万円を所得から控除できることになります。4万円の所得控除の場合、例えば年収500万円の人であれば、限界税率20％を乗じて8000円が節税額となります。年収1000万円であれば限界税率が30％になるため1万2000円が節税金額になります（図表3－1参照）。

　少額ではありますが、対象となる医薬品の購入があれば確定申告をすることにより節税につながります。

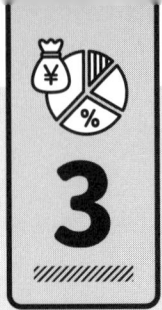

3 住宅ローン控除で 税金を取り戻そう

1 住宅ローン控除とは

　住宅ローン控除とは、サラリーマンがマイホームを新築または購入した際に住宅ローンを使った場合、その住宅ローン金利の一部を助けるため、一定の金額を税額控除できる制度です。年間最高で35万円（2025年入居分は31万5000円）を税額控除できる可能性があります。

2 適用要件

　新築または中古住宅を購入した場合に、以下のすべての条件を満たした場合には、住宅ローン控除が適用され、税額控除を受けることができます。

・自宅（住宅）を購入したこと
・床面積が50平米以上で、その2分の1以上が自己の居住用であること
・返済期間10年以上の住宅ローンを組んでいること
・買った家に取得後6か月以内に居住を開始し、引き続き住んでいること
・控除を受ける年の12月末現在、住宅ローン残高があること

・控除を受ける年の合計所得金額が2000万円以下であること

　この制度は適用要件が複雑になっているため、上記以外の要件が必要な場合がありますので、ひとまず上記の条件を満たしている場合には、専門家に相談するか、自分で国税庁のサイトを調べるなどして条件を確認のうえ、確定申告しましょう。

　図表3－5は、取得した住宅の種類ごとに住宅ローン控除の対象となる借入金限度額及び控除期間を表にまとめたものです。
　新築住宅、または買取再販住宅の場合は、住宅の環境性能により控除対象となる借入金限度額は最大5000万円になり、また、控除期間についても13年間の控除が可能です。一方、既存住宅（中古住宅）の場合は、住宅ローン控除の対象となる借入限度額は最大で3000万円、控除期間は10年間になります。
　このことから、住宅ローン控除が適用できるかどうかという観点から見た場合、一見すると新築住宅を購入した方が、中古住宅を購入するよりも有利であると考えがちですが、必ずしもそうとは言い切れません。図表3－5の「新築住宅」の「その他住宅」の借入限度額をご覧いただくと、ゼロになっています。これは、新たに新築住宅を購入しても一定の環境性能を満たしていない場合には、住宅ローン控除を受けることができないということを示しており注意が必要です。
　これから新築住宅をローンで購入しようと考えている方は、その住宅が認定住宅の要件を満たしているかどうかを事前に確認されることをお勧めします。
　一方、既存住宅（中古住宅）の場合には、「その他の住宅」（認定住宅等以外）であっても、最大2000万円までの借入金を

[図表3-5] 住宅ローン減税の概要について

既存等／新築	住宅の環境性能等	借入限度額		控除期間
		令和6年入居	令和7年入居	
新築住宅買取再販[1]	長期優良住宅・低炭素住宅	子育て世帯・若者夫婦世帯[3]：5,000万円 その他の世帯：4,500万円	4,500万円	13年間[2]
	ZEH水準省エネ住宅	子育て世帯・若者夫婦世帯[3]：4,500万円 その他の世帯：3,500万円	3,500万円	
	省エネ基準適合住宅	子育て世帯・若者夫婦世帯[3]：4,000万円 その他の世帯：3,000万円	3,000万円	
	その他の住宅[2]	0円[2]		—
既存住宅	長期優良住宅・低炭素住宅 ZEH水準省エネ住宅 省エネ基準適合住宅	3,000万円		10年間
	その他の世帯	2,000万円		

(1) 宅地建物取引業者により一定の増改築等が行われた一定の居住用家屋。

(2) 省エネ基準を満たさない住宅。令和6年以降に新築の建築確認を受けた場合、住宅ローン減税の対象外。（令和5年末までに新築の建築確認を受けた住宅に令和6・7年に入居する場合は、借入限度額2,000万円・控除期間10年間）

(3) ①年齢19歳未満の扶養親族を有する者又は②年齢40歳未満であって配偶者を有する者、若しくは年齢40歳以上であって年齢40歳未満の配偶者を有する者（①又は②に該当するか否かについては、令和6年12月31日時点の現況による）。

出所：国土交通省

限度とした住宅ローン控除を最大10年間にわたり受けること
ができます。

3 節税効果

　では、仮定の数字に基づきどの程度の節税効果があるか見て
いきましょう。

　Aさんは、40歳のサラリーマンで、パート勤務の妻、中学
生の子供一人がいます。今回、自己資金500万円＋3000万円の
ローンを組んで、新築マンションを購入しました。2024年7
月に購入して、同年8月1日から家族で住み始めました。

　3000万円の借り入れについて最初の6か月間は金利の支払
いのみで、翌年1月以降に元本返済が始まります。その他住宅
ローン控除を適用するための必要条件を満たしている場合には、
Aさんの税額控除限度額は年末の借入金残高3000万円の0.7%
となりますので、3000万円×0.7％＝21万円となり、Aさんは
自分が支払う所得税の金額から21万円を控除することができま
す。

　この金額21万円は、所得税から直接控除されるため、源泉徴
収票の所得税額欄を確認し、（住宅ローン控除前の）所得税額
が21万円以上あれば、21万円全額が還付されることになります。

　もし、住宅ローン控除前の所得税額が21万円に満たない場合
には、住宅ローン控除で引ききれないことになります。引きき
れなかった分は住民税から控除することになり、翌年6月以降
に支払う住民税が減額されます。

　新築住宅を購入したときに住宅ローン控除を適用する場合の必要書類は、次の通りです。

・土地および家屋の登記事項証明書
　住宅購入後に司法書士さんが所有権移転登記をした際に取得してもらえます。もしお手元になければ、いつでも法務局で取得することができます。
・土地および家屋の売買契約書の写し
・住宅取得資金に係る借入金の年末残高等証明書（原本）
　借入を行っている金融機関が発行します。
・（特定増改築等）住宅借入金等特別控除額の計算明細書
　国税庁の様式に従って必要事項を記載いただくことになります。
・認定住宅等の場合には、そのことがわかる通知書、証明書等

5　申告手続き

　住宅ローン控除は一度申請し、認められると要件を満たす限り、10年間または13年間にわたり適用することができます。また、毎年確定申告をする必要はなく、最初の1年目だけ自分で確定申告を行いますが、2年目からは勤務先において年末調整時に会社に必要書類を提出するだけで、住宅ローン控除を受けることができます。

　最初に確定申告をした年の10月頃に税務署から、「年末調整のための住宅借入金等特別控除証明書」というタイトルの用紙

が９年分または12年分送られてきます。この用紙と金融機関から送付される「住宅取得資金に係る借入金の年末残高等証明書」を年末調整時に勤務先に提出することで、勤務先の給与計算担当部署が住宅ローン控除分も反映して処理できますので、ほかに申告するものがなければ、確定申告は不要となります。

6 住宅の種類と限度額、控除期間の関係

どのような住宅を購入するのか、また、いくらの住宅ローンを組む予定なのかにより、適用となる住宅ローンの上限金額や適用可能な年数（控除期間）が変わってきます。

図表３−６は2024年１月以降に入居を開始した方が住宅ロ

[図表3-6] 住宅ローン控除の節税効果額

年末借入金残高	2,000万円	2,500万円	3,000万円	
控除率	0.70%	0.70%	0.70%	
節税額（年間）	14万円	17万5,000円	21万円	
節税額10年分	140万円	175万円	210万円	中古の認定住宅等
節税額10年分	140万円	—	—	中古の認定住宅等以外
節税額13年分	182万円	227万5,000円	273万円	新築の認定住宅等

［図表3-7］認定住宅の説明

種類	説明
認定住宅	認定長期優良住宅および認定低炭素住宅をいいます。
認定長期優良住宅	長期優良住宅の普及の促進に関する法律に規定する認定長期優良住宅に該当するものとして証明がされたものをいいます。
認定低炭素住宅	都市の低炭素化の促進に関する法律に規定する低炭素建築物に該当する家屋および同法の規定により低炭素建築物とみなされる特定建築物に該当するものとして証明がされたものをいいます。
特定エネルギー消費性能向上住宅	認定住宅以外の家屋でエネルギーの使用の合理化に著しく資する住宅の用に供する家屋（断熱等性能等級5以上および一次エネルギー消費量等級6以上の家屋）に該当するものとして証明がされたものをいいます。
認定住宅等	認定住宅および特定エネルギー消費性能向上住宅をいいます。

出所：国税庁

ーン控除を適用した場合、借入金残高に応じて年間いくらの節税ができるか、また、住宅の種類に応じて、控除期間の累計で最大いくらの節税になるかをまとめた表になります。

7　3000万円特別控除との関係

　3000万円の特別控除とは、マイホームを売却したときの税金に関する特別な優遇制度です。マイホームを売ったときに、

当初の買い付け価格よりも高額で売却できたときには譲渡益が発生し、その譲渡益に対して税金がかかってきます。

ただし、一定の条件を満たせば、譲渡益の金額から最高3000万円を控除できるという制度がありますので、譲渡益が3000万円以下であれば譲渡所得はゼロとなり、譲渡益が3000万円超であっても譲渡所得をかなり減らすことができます。

さて、ここからが本題です。3000万円の特別控除と住宅ローン控除の併用はできないことになっていますので、注意が必要です。併用はできませんが、どちらか有利なほうを選択することができます。

住宅ローン控除による節税額がいくらになるかを予想して、住宅ローン控除を適用した節税額のほうが大きくなる場合に住宅ローン控除を選択し、逆の場合には3000万円の特別控除を選択すれば、税務上有利になります。

いずれにせよ、住宅ローン控除と3000万円特別控除の選択ができるような場合には、考慮すべき事項が複雑になるため、税理士など税金の専門家に相談されることをお勧めします。

4 副業をする場合の確定申告の留意点

「副業」という言葉は一般によく使われていますが、法律上の定義があるわけではありません。一口に副業と言っても様々なパターンがあると思いますが、本書では次の4つのパターンに分けて、それぞれ税務上の留意点につきお話ししていきます。

パターン1：本業（会社員）のほかに他の会社からの給料がある場合

（例）

・本業の会社が終わった後に、週3回夜2時間だけ飲食店で働いている。

・本業とは別の業種で、身内の会社の取締役になっており、月1回の役員会に出席し、毎月役員報酬をもらっている。

パターン2：本業（会社員）のほかに個人事業としての収入がある場合

（例）

・本業のほかに、休日や平日夜の時間に、ヤフオク、メルカリを利用して、継続して高級ブランド品雑貨の販売を行っている。

・自宅の一部を改装し、個人事業としてコインランドリー経営をしている。

パターン３：本業（会社員）の給料のほかに、家賃収入等がある場合

（例）

・親から受け継いだ不動産（マンション）を他人に貸し付け、家賃収入がある。

・自己が所有する土地を駐車場として貸して、地代収入がある。

パターン４：本業（会社員）の給料のほかに、雑所得としての副業の収入がある場合

（例）

・原稿料、講演料、印税収入がある。

・事業所得ではない副業としての収入がある。

1 副業としての給与所得がある場合

　メインの勤務先以外に勤務先があり、そこからも給与収入がある場合には、２か所もしくは３か所以上の勤務先から源泉徴収票を受け取ることになります。年末調整はメインの会社のみで行い、サブで働いている会社では年末調整は行いません。

　サブの会社からの月々の収入からは「乙欄」による源泉所得税が徴収され、「年末調整未済」の源泉徴収票が発行されます。ここで、「乙欄」による源泉徴収について少し補足説明しておきます。21ページの図表１－２をご覧ください。「甲」「乙」という表示が、表の上部にあるのが確認できると思います。

　メインで働いている会社の毎月の源泉徴収税額は、甲欄の数字により徴収されています。そして、サブで働いている会社からの給与については、扶養親族の数にかかわらず乙欄の数字に基づき源泉徴収されます。表をご覧いただければわかると思い

ますが、乙欄の源泉徴収税額は明らかに甲欄の金額よりも高額になっています。この理由は、所得税は累進課税になっているため、2社目以降の給与については1社目よりも高い税率にするためです。ただし、この源泉徴収税額は概算数値であり、年末調整が行われないため、2か所以上から給与を受け取っている会社員は必ず確定申告をすることになっています。

2社目以降の会社でも毎月源泉徴収をしているはずですから、確定申告で多額の税額が発生することは少ないですし、源泉徴収税額が払いすぎになっている場合には、差し引かれた源泉徴収税額の一部が返金される、つまり還付申告になることもあります。

2 副業としての事業所得がある場合

何かビジネスを始めたいが、会社を辞めてビジネスを立ち上げるという場合、自ら会社を設立して事業を始める方法と個人事業として始める方法があります。前者の会社を設立する場合には、設立した会社から給与として収入を得ることになりますから、パターン1に該当することになります。

会社を設立する場合には、設立手続きや設立後の会社の維持管理にそれなりのコストがかかりますので、最初は副業として小さく始めて様子を見ながら大きくしていくつもりの場合には、個人事業としてスタートするのがよいと思います。

開業時の届出

個人で事業をスタートした場合には、まず税務署および都道府県税務事務所に事業開始の届出が必要になります。

最低限の提出書類はこれだけですが、そのほかにもし従業員を雇って給料の支払いをする場合には、所轄の税務署へ給与支払事務所の開設届の提出が必要となります。

　また、消費税の取り扱いについても注意が必要です。2023年10月からスタートしたインボイス制度に従い、個人事業者が請求書に記載するインボイス番号（適格請求書発行事業者番号）を取得する場合には消費税の課税事業者となり、毎年所得税の確定申告に加えて、消費税の申告もすることになります。

　インボイス番号の取得が必要なければ登録申請しない選択も可能です。登録しない場合には、少なくとも初年度は消費税については免税事業者となり、消費税の申告義務はありません。

青色申告の勧め

　個人事業を始めたときは、青色申告の届出をしておくことをお勧めします。青色申告の申請をしない場合には自動的に白色申告となります。

　青色申告制度とは、税務署長の承認を受け所定の帳簿書類を備え付ける納税者が青色の申告書で申告を行う制度を言います。国は、この青色申告を推奨しており、青色申告を行った納税者には、次のような様々な特典を用意しています。

・正規の簿記の原則（複式簿記）により記帳することにより、55万円の青色申告特別控除を受けることができます（電子帳簿保存またはe-Tax による電子申告を行っている場合は、65万円の青色申告特別控除が受けられます）。
・複式簿記による記帳をしていなくても、簡易的な帳簿による記帳を行うことにより10万円の青色申告特別控除を受けるこ

とができます。

・年齢15歳以上の家族従業員に対して支払った給与は、労務の対価として適正な額であれば、事前に届け出ている給与の範囲内で**青色事業専従者給与**として必要経費に算入することができます（白色申告の場合には、配偶者86万円、配偶者以外は50万円が限度となります）。

・損失が発生して、他の所得と通算しきれない損失がある場合には、翌期以降3年間に限り繰り越して、翌期以降の利益と損益通算することができます（白色申告の場合には、損失の繰越はできません）。

・2年前の事業専従者控除前の（事業所得の金額＋不動産所得の金額）の合計金額が300万円以下の場合には、事前に「現金主義の所得計算による旨の届出書」を提出することにより、現金主義により申告をすることができます（原則は発生主義です）。例えば、掛売りをしている事業の場合に、実際の販売がなされていても、現金主義による場合には、売掛金の入金時点で売上を計上することができるため、原則的な発生主義よりも支払う税金を低く抑えることができます。ただし、現金主義を採用した場合には、青色申告特別控除は最大10万円になります。

・期末の売掛金、貸付金の残高に対して、5.5%の貸倒引当金を必要経費として計上することができます。

　青色申告の特典をうまく利用して、上手な節税を行いましょう。

3 副業としての不動産所得がある場合

青色申告の勧め

　不動産所得がある場合も、事業所得と同様に青色申告制度があります。制度の内容は、事業所得の際の青色申告と同様の内容です。ただし、次の2点については留意が必要です。

①事業所得と、不動産所得の両方がある場合には、青色申告特別控除は、事業所得と不動産所得の合計に対して、55万円（一定の要件を満たす場合には65万円）までしか控除できません。

②不動産所得については、不動産貸付事業の規模が、事業的規模を満たしていない場合には、青色申告特別控除は、10万円しか認められません。事業的規模の判定には、通常「5棟10室基準」で判定を行います。すなわち、マンション・アパート等の貸付であれば10室以上の貸付を行っているか、独立した家屋（1戸建など）については5棟以上の貸付を行っているか、が判断の基準になります。サラリーマンが副業として、住宅貸付を行っている場合には、通常は1室か2室程度の貸付が多いため、青色申告特別控除としては10万円となる場合が一般的です。

　従来は、白色申告であれば帳簿の作成は必要なかったため、青色申告を選択せずに白色申告で行う方が多かったのですが、現在は白色申告であっても記帳義務が課せられるようになったため、青色申告と白色申告の記帳等の手間はほとんど変わらない状況です。したがって、青色申告を申請したほうが、少なく

とも白色申告より10万円以上多くの控除ができると言えます。

借入金の利子

　貸付用の不動産を購入するにあたって、銀行借り入れなどを行った場合には、その借入金の利子は、不動産所得の必要経費として計上できます。利息部分は必要経費にできますが、元本返済部分は、必要経費にはなりませんので注意してください。

消費税

　不動産の貸付に対しての消費税の取り扱いにつき、説明します。土地の貸付や、居住用の家屋の貸付については、消費税は非課税となっていますので、賃借人に消費税を請求することはできません。

　一方、貸付物件が事務所用や店舗用である場合には、消費税の対象となり、賃借人に消費税を請求することができます。賃借人に消費税を請求するにあたり、インボイス登録を行った場合には、その年から消費税課税事業者となり、消費税の申告義務が生じます。インボイス登録を行わない場合には、消費税が課税となる収入が年間1000万円を超えなければ、免税事業者として消費税の申告義務はありません。

　なお、インボイス登録をしない場合には、請求書にインボイス番号を書くことはできません。

4 副業としての雑所得がある場合

雑所得の金額

　雑所得に分類される所得の計算は、（雑所得となる公的年金

収入を除き）収入金額から必要経費を控除した金額となります。計算式で示すと、**収入金額−必要経費＝雑所得**となります（なお、老齢基礎年金や老齢厚生年金の受給など公的年金収入も雑所得に分類されますが、年金収入は通常、副業とは言わないため、ここでの説明は省略します）。

事業所得と雑所得の違い

実務上、事業所得にするか雑所得にするか迷うことがあります。どちらで申告するかにより、納税金額にも影響を及ぼすことから、まずは、事業所得で申告する場合と雑所得で申告する場合を比較して、どのような違いがあるかを説明します。

一般には、雑所得で申告するよりも事業所得で申告するほうが、税務上有利になります。

どのように有利になるかについては、次のポイントがあります。

１）事業所得で申告するほうが、多くの経費を計上できる

所得金額の計算式としては、事業所得も、雑所得も、「収入金額−必要経費」で、所得金額を計算します。必要経費の考え方は、事業所得でも雑所得でも変わりませんが、事業所得の場合には青色申告の申請をして、複式簿記で記帳すれば、55万円（または65万円）の青色申告特別控除を適用することができます。これだけでも大きなメリットになりますが、そのほか、事業所得を適用して青色申告していれば、青色申告の様々な特典を利用できます。

一方、雑所得の申告に関しては、青色申告という制度はありません。

2）事業所得で申告すると、事業所得が赤字の場合に給与所得と相殺できる

　収入金額よりも必要経費のほうが大きく、赤字になった場合には、その赤字金額を給与所得など他の総合課税の所得と相殺できます。これを専門用語で損益通算と言います。一方、雑所得がマイナスの場合、給与所得との損益通算はできません。

　以上の説明から、事業所得として申告するほうが納税者にとって明らかに有利であることがおわかりいただけたと思います。

　ただ一つ、雑所得で申告するメリットを挙げるとすると、雑所得の場合には事業開始届もいらないし、原則として帳簿記録をつける義務もないことぐらいです。

事業所得と雑所得の区分

　では、副業収入を事業所得として申告するか、雑所得として申告するか、納税者が自由に選択できるのでしょうか？

　その答えは、NO です。自由に選択はできません。

　基本的な考え方としては、社会通念上、事業としての実態を有しており、事業規模（収入金額）などにおいても、給与収入と同程度以上ある、もしくは、年間300万円以上あることが必要です。かつ、複式簿記または簡易な記帳をしていただき取引記録が残っている必要があります。この帳簿記録があるかどうかが、形式的ではありますが事業所得か雑所得かを判定する際の大きなポイントとなります。

　極端な言い方をすると、それなりの事業の実態があり、帳簿の保存がある場合には事業所得となり、帳簿の保存がない場合には雑所得となるため、これを逆手に取り納税者が自らの意思

で、事業所得にするか雑所得にするかを決めることができるとも言えます。ただし、一度どちらかに決めたらよほど大きな変化がない限りは、毎年継続して事業所得、もしくは雑所得で申告をしてください。

また、以上の条件を満たしている場合であっても、不正に経費を多めに計上して、もしくは、収入を実際よりも少なめに計上して、わざと赤字にしたうえで、給与所得との損益通算をするようなことは認められません。

［図表3-8］事業所得と雑所得の区分

（参考）事業所得と業務に係る雑所得等の区分（イメージ）

収入金額	記帳・帳簿書類の保存あり	記帳・帳簿書類の保存なし
300万円超	概ね事業所得[注]	概ね業務にかかる雑所得
300万円以下		業務に係る雑所得 ※資産の譲渡は譲渡所得・その他雑所得

（注）次のような場合には、事業と認められるかどうかを個別に判断することとなります。
①その所得の収入金額が僅少と認められる場合
②その所得を得る活動に営利性が認められない場合

出所：国税庁

5 サラリーマンの必要経費（特定支出控除）

1 特定支出控除とは

　個人事業をしている人は、使った経費を必要経費として計上し、事業所得を計算します。一方サラリーマンは、給与所得を得るために個人的に使った経費（例えば出勤時に着用するスーツ代など）を自由に計上することはできず、「給与所得控除」といういわゆる概算計算で、必要経費相当額を織り込んで、個人の所得税を計算することになります。

　しかしながら、「給与所得控除」の金額よりも多くの個人的な必要経費を使っているサラリーマンがいれば、別途申請することでそのような必要経費を個別に認めることにした制度が、特定支出控除の制度であり、サラリーマンであればどなたでも申請可能です。

　ただし、そもそも概算計上をしている給与所得控除の金額は、比較的大きい金額が認められていることと、サラリーマンとしての業務を行ううえでの必要経費のほとんどは、会社から支給されているため個人負担をすることは少ないという実態から、特定支出控除を適用して確定申告を行う人の件数はあまり多くありません。

2　特定支出控除の計算

　特定支出控除の対象として、追加での必要経費を計上するためには、納税者本人が適用している給与所得控除の金額の2分の1を超える金額を自己負担している必要があります。

　第1章の給与所得の説明の際に解説しましたが、年収500万円の人の給与所得控除額は144万円になります。144万円の2分の1は72万円になりますので、年収500万円の人が、年間72万円以上の自己負担による必要経費（特定支出）を負担している場合には、72万円を超える金額について、通常の給与所得控除後の金額からさらに控除することができます。

　例えば、年収500万円の人の特定支出が80万円だとすると、80万円−72万円＝8万円が追加的に控除できる金額です。

　すなわち、特定支出控除を適用しない場合には、年収500万円の人の給与所得は500万円−144万円＝356万円になりますが、特定支出控除を適用した場合には給与所得の金額は、500万円−（144万円＋8万円）＝348万円になります。

　なお、以下に参考として、各年収に応じた給与所得控除の金額を示しておきます。

［図表3−9］年収別の給与所得控除の金額

（金額の単位は万円）

年収	250	400	500	600	700	800	1000	1500	2000
給与所得控除額	83	124	144	164	180	190	195	195	195

3 特定支出控除の対象経費

特定支出の対象として認められる経費には、次のものがあります。ただし、あくまで自己負担となっている場合の金額なので、会社から支給されている場合には、対象外です。

（1）通勤費
（2）職務上の旅費
（3）転居費（転任に伴うもの）
　① 転居のための旅行に通常必要とされる運賃および料金の額
　② 転居のために自動車を使用することにより支出する燃料費および有料道路の料金
　③ 転居に伴う宿泊費の額
　④ 転居のための家具等の運送に要した費用
（4）研修費
（5）資格取得費（人の資格を取得するための費用）
（6）帰宅旅費（単身赴任に伴うもの）
（7）勤務必要経費（上限65万円）
　① 図書費
　② 衣服費
　③ 交際費等
※上記の特定支出については、給与支払者（またはキャリアコンサルタント）の証明が必要です。

高額療養費

　健康保険制度の中に高額療養費制度があります。医療費の負担があまりにも大きくなった場合に一定の補填額を受け取ることができる制度です。

　全国健康保険協会に加入されている場合には、70歳未満の方で、所得区分ごとにそれぞれ次に記載された金額を超える自己負担がある場合に、高額療養費が支給される可能性があります。自己負担限度額は実際には少し複雑な計算が必要ですが、簡略化のため概算金額とお考えください。

[図表3-10] 高額療養費の自己負担限度

目安となる月収	自己負担限度額（円）	多数回該当（円）
810,000円以上	252,600	140,100
515,000円以上 ～ 810,000円未満	167,400	93,000
270,000円以上 ～ 515,000円未満	80,100	44,400
270,000円未満	57,600	44,400

　実際に本人が1か月に支払った医療費が、上記の自己負担限度額を超えている場合には、その超えた金額分に近い金額を払

い戻ししてもらえる可能性があります。

　また、過去1年以内に4か月以上にわたり、上記自己負担限度額を超える場合には、自己負担限度額はさらに小さな金額になります（図表3−10の「多数回該当」の金額になります）。

〈高額療養費の申請手続き〉

　もし、支払った医療費が高額になり、高額医療費の対象になる可能性があれば、加入している健康保険事務所（協会けんぽ、組合健保など）に問い合わせをして、申請手続きをすることにより高額療養費を払い戻ししてもらうことができます。今までこの制度を知らずにいた場合、2年間さかのぼって申請することができます。

〈非課税扱い〉

　高額療養費として戻ってくる金額は健康保険が負担した医療費という扱いですから、当然所得とはならず、所得税・住民税の対象にはなりません。

〈医療費控除との関係〉

　高額療養費として戻ってくる金額がある場合には、その金額は所得にはなりませんが、もし、医療費控除の適用をされている場合には、支払った医療費から差し引くことが必要になります。例えば、11月、12月に高額の医療を受け、確定申告時点で高額医療費が返金されていない場合であっても、確定申告時には返還見込み額で申告をする必要がありますので注意しましょう。

〈高額療養費の事前申請〉

　あらかじめ医療費が高額になることがわかっている場合には、事前申請の方法もあります。事前申請しておけば、医療機関の窓口で支払う金額が、最初から自己負担限度額までとなりますので、家計の資金繰りにも有利になります。

　事前申請の方法は、①マイナ保健証を利用、②限度額適用認定証を利用の２種類あります。

①マイナ保険証を利用

　医療機関の窓口でマイナ保険証（健康保険証利用登録を行ったマイナンバーカード）を提出し、医療機関窓口で「限度額情報の表示」に同意することが必要です。

　マイナンバーカードを持っていない場合や、医療機関がオンライン資格確認を導入していない場合などでは、この方法を使うことはできません。

②限度額適用認定証を利用

　あらかじめ健康保険事務所に「限度額適用認定証」の発行申請をしていただければ、限度額適用認定証が発行されますので、受診する医療機関の窓口に、保険証と一緒に限度額適用認定証を提出することにより、自己負担限度額以上の支払いは不要になります。

第 **4** 章

個別ケースごとの
節税策

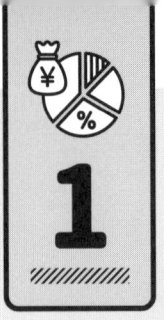

1 サラリーマン大家さんの節税策

1 大家さんという副業

　サラリーマンの副業として、大家さんになるという選択があります。賃貸物件の貸付は、他の副業と比べて格段に手間がかからないということから、多くのサラリーマンや公務員の方が副業にされています。

　勤務先によっては、副業禁止の会社でも不動産経営についてはOKのところもあります。現在日本を含む世界全体がインフレ傾向にあるため、単に銀行預金で預けているだけでは、インフレにより預金が目減りしていくので資金に余裕があれば、不動産を購入して貸し付けることにより、そこから安定収益を生み出すのも一つの選択肢となります。

　この項では、すでに賃貸経営をされている方を想定して、不動産経営されている方の節税のポイントを説明したいと思います。

　第3章で節税のポイントとして「青色申告」「借入金利子の計上」「消費税の考慮」などの説明をしましたので、ここではそれ以外のポイントを説明します。

2 損益通算

　損益通算とは、不動産所得の損益が赤字になった場合に、給与所得などの他の所得と相殺して合計所得を算出することになります。この相殺計算のことを損益通算と言います。マイナスになる理由としては、次のような理由が考えられます。

・賃貸経営初年度のため初期費用が多くかかった。
・中古住宅の場合、建物の見積耐用年数が短いため、多くの減価償却費を計上することになった。
・借入金が多く、支払利子の負担が大きい。
・賃貸物件の修理に多くの支出があった。

　経常的に長期間にわたって赤字になることは起こりにくいですが、短期的に、例えば1、2年だけ赤字になることはあります。
　例えば、給与所得が550万円、不動産所得がマイナス70万円だったとして、ほかに所得がなければ、550万円−70万円＝480万円が合計所得となり、確定申告を行うことで給与から天引きされた所得税の一部につき、返金（還付）を受けることができます。
　不動産所得が赤字になった場合の留意点として、土地の取得のための借入金にかかわる支払利息については、損益通算できないという取り扱いがありますので注意が必要です。
　仮に上記の不動産所得がマイナス70万円であったときの、年間支払利息が50万円であり、50万円のうち土地の取得のために要した借入金利息が20万円、建物の取得のために要した借

入金利息が30万円であったと仮定しましょう。

このような場合、70万円の赤字のうち、土地の取得に要した借入金の金利20万円部分については、損益通算の対象から外れることとなり、損益通算して給与所得から差し引ける金額は70万円ではなく50万円となります。自分で確定申告される場合に間違えやすい事項となりますので、注意が必要です。

3　管理費と修繕積立金

投資用不動産としてマンションの1室を保有している場合に、通常はオーナーである賃貸人が、管理費と修繕積立金を支払うことになります。

管理費については、マンションの保守管理のための経費として、必要経費に算入することができます。修繕積立金については、税法の原則的な考え方からすると、将来の修繕のための積立金なので必要経費ではないのですが、一定の要件を満たす場合には支払った金額を必要経費に算入することができます。

その要件とは、修繕積立金の支払いがマンション標準管理規約に沿った適正な管理規約に従い、次の事実関係のもとで行われている場合です。

・区分所有者となった者は、管理組合に対して修繕積立金の支払義務を負うことになること
・管理組合は、支払いを受けた修繕積立金について、区分所有者へ返還義務を有しないこと
・修繕積立金は、将来の修繕等のためにのみ使用され、ほかへ流用されるものでないこと

・修繕積立金の額は、長期修繕計画に基づき各区分所有者の共有持分に応じて、合理的な方法により算出されていること

　以上の要件をすべて満たすことができれば、修繕積立金を支払いの都度、その支払った年度の必要経費に算入することができます。

4　減価償却費

　不動産所得の申告をする際の代表的な必要経費に、減価償却費というものがあります。例えば建物を建築または購入した際に、支払った対価を一括して必要経費に算入できるわけではなく、その建物の耐用年数に従って、費用化していくことになります。

　耐用年数は税法で定められており、木造住宅であれば22年、鉄筋コンクリートのマンション等であれば47年となっています。したがって、例えば2200万円で自分の土地に貸付用の木造住宅を建築した場合には、減価償却費として年間100万円ずつを22年間にわたって必要経費とすることができます。

　マンションの1室を購入して、賃貸に出した場合はどうでしょうか？　通常、マンションの価格には、土地の所有権部分と建物の所有権部分が含まれています。売買契約書上で土地部分と建物部分の金額が明確になっている場合には、土地についての減価償却はできませんので、建物部分について減価償却計算を行うことになります。

5　土地、建物の区分

　不動産を購入した場合に、通常は土地と建物を一体として購入し、売買契約書に土地部分と建物部分の区分が明確になっている場合には、建物部分につき減価償却の対象になります。

　売買契約書上で明確になっていない場合でも、消費税の金額が明示されていれば、土地部分に対しては消費税が非課税になることから、消費税の金額を10%で割り返すことにより、建物部分の金額がわかり、土地と建物を分離することができます。

　では、消費税額も明記されていない場合にはどうするか？

　この場合には、何らかの合理的な方法により、合計金額を土地と建物に按分することになります。

　按分の基準としては、購入時におけるそれぞれの時価の比率により按分するというのが、最も理論的な考え方になります。しかし、この時価をどのように算定するかにより、実務的には様々な方法があります。

1　相続税評価額の比率により按分する方法
2　市町村の固定資産税評価額により按分する方法
3　不動産鑑定士の評価結果の比率により按分する方法
4　建物の標準的な建築価額表をもとに、建物の価額を計算し、残りの金額を土地の価額とする方法
5　土地の公示価額や近隣相場をもとに土地の時価を算定し、残りの金額を建物の価額とする方法

6 建物と建物付属設備の区分

　鉄筋コンクリートのマンションを購入した場合、土地部分と建物部分を区分した後、厳密には、建物の金額には建物付属設備の部分が含まれているため、建物と建物付属設備を区分することになります。すべて建物として計算していることも実務的にはあり、税務署から指摘を受けることもありませんが、納税者にとっては、建物付属設備を区分計上したほうが、節税になることが多いです。

　なぜかというと、鉄筋コンクリートの新築マンションの耐用年数が47年であるのに対し、建物付属設備の耐用年数は15年程度であるため、最初の15年間については、減価償却費を多く計上できます。すなわち必要経費を多く計上することにより、結果として税額が低くなります。

　建物と建物付属設備の区分の方法ですが、過去の国税不服審判所における裁決事例（平成12年12月28日裁決）によれば、新築の場合にはその工事明細を入手し、建築時の工事原価の割合で按分するべきであるとされています。

　また、中古マンションの場合には、当初建築時の工事費の明細から按分割合を算出し、経過年数を加味して算出することが適当であるとされています。よって、中古マンションの購入の場合には、建物付属設備の耐用年数が建物の耐用年数よりも短いことから、新築マンションにおける場合と比較して、建物付属設備として計上できる割合は小さくなると考えられます。

　ちなみに、この裁決事例の場合、新築時における建物と建物付属設備の割合はおおむね７：３となっていることから、実務的にも、鉄筋コンクリートのマンションの場合には、工事原価

明細の入手が難しいときは、何らかの特殊な事情がない限り、7：3の割合で建物と建物付属設備を区分してもほぼ大丈夫と考えられます。

　ただし、中古マンションの場合は7：3の割合で行うと問題となる可能性が高いので注意しましょう。例えば、築15年以上の中古マンションを買った場合には、建物付属設備部分は償却済みと考えられるため、全額建物として処理するほうが安全です。

2 不動産売却時の留意点

不動産の売買は、金額的に大きなものになりますので、一生のうちに1回か2回あれば多いほうかもしれません。通常、起こりうる想定としては、（1）投資用不動産の売却、（2）自宅の売却、（3）親からの相続で引き継いだ空き家の売却、の3パターンが考えられます。

いずれの場合であっても、不動産の譲渡所得に対する課税は、分離課税となっているため、給与所得などの総合課税される所得とは別個に税額計算することになります。

1 投資用不動産の売却

不動産を売却した際に、単純に取得価額よりも売却価額のほうが高い場合に課税が生じるというわけではありません。

例えば、土地と建物を一括して売却した場合には、建物部分は当初買った時点よりも経年劣化し価値が減少しています。投資用不動産であれば、購入時から売却時まで減価償却をしていますので、売却時点までの建物の減価償却費分だけ譲渡所得（キャピタルゲイン）が増えることになります。

計算式で示すと次のようになります。

（注1）　仲介手数料、所有権移転の登記費用、印紙代など

　土地・建物等の譲渡の場合には、所有期間の違いで、税率が変わってきます。所有期間が5年以内の場合には、短期譲渡となり、所得税は30.63%、住民税は9％の税率で課税されます。所有期間が5年を超える長期譲渡になると、所得税率は15.315%、住民税率は5％になります。

　投資用不動産や別荘（住んでいない家）を売却して、損失が出た場合であっても、給与所得などの他の所得と損益通算はできません。よって譲渡所得が赤字の場合には、譲渡所得は発生しないので確定申告義務はありません。

2　自宅の売却

　自宅の売却であっても、基本的な考え方は上記の投資用不動産と同じですが、自宅の売却については、投資不動産の売却に比べて、次のような優遇措置があります。

留意点1　減価償却費の計算

　自宅など非事業用の不動産の売却時には、建物の法定耐用年数を1.5倍にして減価償却の計算ができることになっています。法定耐用年数が1.5倍になるということは、1年当たりの減価償却費が少なくなり、結果として譲渡所得は本来の計算よりも少なくなります。

留意点2　赤字の場合の損益通算

　マイホームを売却した場合に赤字になってしまった場合には、一定の要件に該当する場合には、赤字の金額を給与所得などの他の総合課税の所得と損益通算することができます。もしも損失の金額が大きくて、給与所得など他の所得でも引ききれないようなときは、当該引ききれなかった分を翌年以降、最大3年間繰り越して使用することができます。

留意点3　利益が出た場合の特例

　マイホームを売却して利益が出た場合には、税金を減額、免除または繰り延べるための様々な特例がありますが、ここでは、代表的なものとして3000万円の特別控除と買換え特例について説明します。

1）3000万円の特別控除

　マイホームを売却して、利益（譲渡所得）が発生したときに、3000万円を限度に譲渡所得金額からさらに所得控除できる制度です。税額を3000万円まで控除できる制度ではないのでご注意ください。したがって、マイホームを売却したときの利益が3000万円以下であれば、税額は発生しないことになります。

2）買換え特例

　自宅を売却して利益（譲渡所得）が発生し、かつ、代わりのマイホームを購入した場合に、売却時に発生した譲渡所得に対する課税を繰り延べ、将来において買い換えた住宅を売却する際の譲渡所得に加算するという制度です。

先ほどの3000万円の特別控除が、実質的に課税の免除になっているのに対し、買換え特例は、税金の免除ではなく、課税のタイミングを将来に先送りしているというイメージです。

例えば、5000万円で買った住宅を9000万円で売却し、4000万円の譲渡所得が発生した場合に、買換え資産として1億円のマイホームを購入し、将来それを1億1000万円で売却した場合に、2回目の売却時には、本来1000万円の譲渡所得に対する税金を支払うことになりますが、もし最初の売却時に買換え特例を適用し譲渡所得4000万円の繰り延べを行っている場合には、2回目の売却時には、譲渡所得の金額は1000万円ではなく、5000万円（1000万円＋4000万円）となり、この5000万円に税率をかけて税額を計算することになります。

3 親からの相続で引き継いだ空き家の売却

親が亡くなって、親が住んでいた住宅を相続により取得した場合に、相続税を支払うため、あるいはその他の理由で、親が住んでいた住宅を売却することがあります。そのような場合には、多額の譲渡所得が発生することがよくあります。

親が住んでいたということは、親が昔から所有している土地建物であり、自分の親がそのまた親から相続した物件ということもあります。そのように長期で保有している住宅の譲渡所得の計算としては、親が売買により取得したものであれば、そのときの取得価額、親の親が売買で取得したものであれば、そのときの取得価額が譲渡所得を計算する際の住宅の取得価額になります。

何十年も前の取引で、売買契約書が残っていないような場合

には、税法の規定で売却価額の5％の金額を取得価額とみなすこともあります。また、たとえ売買契約書が残っていて取得価額がわかったとしても、何十年も前の取引であれば、取得価額はかなり低い金額となり、結果として多額の税金が発生します。

また、相続で取得した住宅は、納税者自らが居住していないケースが多いため、3000万円の特別控除も使うことができません。

このような状況にある納税者の税負担を軽減する趣旨で、「空き家特例」という制度があり、空き家である相続財産を売った場合の特例として、相続人（相続財産を受け取った人）1名につき、3000万円までを特別控除できます。

この特例を適用するには、次の3つの要件を満たす必要があります。

・1981年5月31日以前に建築されたこと
・区分所有建物（マンション等）でないこと
・相続開始直前において被相続人以外に居住者がいなかったこと

相続人が複数の場合には、一人3000万円なので、例えば相続人である子供が2名の場合で、2名が共有で相続財産である親の住宅を相続し、空き家となっている住宅を売却した場合には、最大6000万円までの特別控除が認められます。ただし、相続人の数が3人以上である場合には、特別控除の金額は共有者である相続人一人あたり2000万円までとなります。

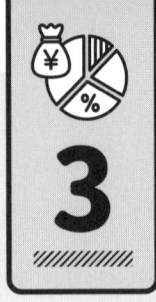

3 所得金額調整控除

一定の条件に該当する会社員は特例があり、第1章の給与所得控除に加えて、「所得金額調整控除」という特別な控除をすることができる場合があります。

所得金額調整控除が適用できるのは、次の2つの場合です。

（1）給与等の年収が850万円超で、かつ「本人が特別障害者」「23歳未満の扶養親族を有する者」「特別障害者である**同一生計配偶者**（注1）または扶養親族を有する者」のいずれかに該当する場合。

所得金額調整控除額＝（給与年収（注2）**−850万円）×10%**

（注1）同一生計配偶者とは、本人（納税義務者）と生計を一にしており、かつ所得金額が48万円以下で、他の扶養控除対象者になっていない配偶者を言います。給与所得者であれば、給与収入が年間103万円以下の配偶者です。
（注2）1000万円を超えるときは1000万円とする。

（2）　給与収入と公的年金の2種類の収入がある場合で、かつ、給与所得と公的年金の所得を足して10万円を超える場合。

所得金額調整控除額＝給与所得（注3）**＋公的年金所得**（注4）
−10万円

（注３）給与所得控除後の給与等の金額が、10万円を超えるときは10万円とする。

（注４）公的年金収入から一定の控除額を引いた金額が、10万円を超えるときは10万円とする。

（２）の所得金額調整控除は、数年前の税制改正において、所得控除の一つである基礎控除の金額が10万円増額され、代わりに給与所得控除と公的年金控除の金額がそれぞれ10万円引き下げられたことにより、給与所得と年金所得の両方を有する人が実質的に増税になってしまうことから、新たに創設された控除となります。

1 所得金額調整控除の適用漏れに注意！

所得金額調整控除（１）と（２）は、それぞれの条件に該当すれば、併用できることに注意してください。すなわち、（１）の所得調整控除をした後で、さらに（２）の要件も満たしていれば、（２）の所得調整控除も適用できるということです。

（１）は多くのケースで、会社が行う年末調整において正しい情報を会社に伝えていれば、自動的に会社で計算してもらえます。しかし、（２）の所得調整控除の適用は、本人が確定申告で行うことになりますので、確定申告しなければ本来控除できる金額を控除しないで余分な税金を支払うことになるため注意が必要です。

2 所得の高い共働き夫婦は要注意！

共働き夫婦で23歳未満のお子さんがいる場合には、（１）の

ケースの場合に特に注意が必要です。通常、所得税の計算において16歳以上のお子さんがいる場合には、扶養控除として一定金額を控除してもらえるのですが、共働きの場合には、扶養控除の適用については、夫婦どちらかの扶養にしかなれないため、通常は所得が高いほうの扶養にします。ところが、この所得金額調整控除の適用にあたっては、夫婦2人とも850万円を超えている場合には、夫婦での併用が可能となります。

　例えば夫が年収1000万円で、妻が年収900万円の夫婦に16歳未満の子供がいたと仮定します。この場合、所得金額調整控除の計算上、夫の子供として登録すると同時に妻の子供としても登録して、夫婦それぞれが（1）の所得金額調整控除を適用できます。この例で言えば、年収900万円の妻も、年末調整の際に子供がいる旨を申請することにより、税金が安くなる可能性があります。

　子供は夫の扶養に入っているため自分の扶養親族として会社へ報告していない場合には、妻側は知らない間に余分な税金を払っていることになります。また、このケースでは、夫のほうも16歳未満の子供の扶養控除ができないことから、年末調整の書類に子供がいることを記入しないことにより、本来控除できるはずの所得金額調整控除ができていないという可能性もあります。

4 年金受給者である サラリーマンの節税策

65歳以上のサラリーマンの場合には、年金をもらいながら、給与も受け取っている方がいます。そのような場合の年金のルールと課税の仕組みについて知っていただくことが上手な節税の第一歩になります。特に、所得税・住民税の仕組みだけでなく、年金制度を正しく理解して年金収入を最大限獲得するような選択肢を検討することがポイントになります。

1 2つの年金制度

サラリーマンは、国民年金と厚生年金という2つの年金制度に加入しており、国民年金については10年間以上の加入期間があり年金を納めていれば、受給権があります。65歳になると、国民年金からは老齢基礎年金、厚生年金からは老齢厚生年金の受給を受ける権利が発生し、年金受給を申し込むことにより、年金を受給することができるようになります。

2 年金の繰下げ受給

65歳になって年金を受け取る権利のある人は、年金受給の申し込みを行わないことを選択して66歳以降に受給することもできます。その場合には、年金の支給開始が繰り下がります。

繰下げを行うことにより、年金額を多くもらうことができるようになります。

　繰下げのメリットとしては、受給できる年金額が、1か月当たり0.7%増加します。1年間では0.7%×12＝8.4%となります。2年間繰下げすると16.8%、5年間繰下げすると42%増加します。例えば、65歳から受給できる年金額が月額10万円だと仮定すると、5年間繰下げすることにより月額14万2000円の年金を受給できることになります。

　この繰下げは、老齢基礎年金、老齢厚生年金それぞれ独立して適用できますので、例えば、いずれか一方は65歳から受給することにして、他方のみ繰り下げるといったことも可能です。繰下げは、最大10年間（75歳まで）できますので、10年間繰り下げた場合には、年金額は84%増加した額を受給することができます。

　ただし、受給開始日が繰り下がるため、長生きする自信がない方は、早めに受給開始したほうが、総受取額は多くなります。

3　繰下げ受給の損益分岐点

　繰下げ受給をした場合に、どれぐらい長生きすれば、繰下げ受給をしなかった場合（65歳から受給した場合）と比べてお得になるのか、計算過程を省略して結論を言うと、約11.9年で損益分岐点となり、66歳から12年後の78歳になった時点で損益分岐点を超え、それ以上長生きすれば繰下げをしたほうがよいということになります。

　詳しい説明は省きますが、繰下げ期間が2年であっても、5年であっても、何年であってもこの損益分岐点となる年数は変

わらず、約12年で回収が可能となります。

　例えば、仮に10年間の繰下げをして75歳から年金を受給する場合には、そこから12年後の87歳が損益分岐点となる年齢になります。したがって、もし確実に87歳以上長生きすることがわかっていたら、10年間の繰下げをして75歳から年金を受け取ることが有利になります。

4　繰下げ受給の注意点

1）さかのぼり請求可能

　年金の繰下げを請求する場合に、通常は年金請求しない状態にしておくことになり、何歳から繰下げして受給するなどという予約は行いません。66歳を過ぎた以降であれば、いつでも年金の繰下げ受給の請求をすることが可能となります。

　ここで重要なポイントがあります。当初、年金繰下げ受給をするつもりで、年金の請求を行わずに放置しておき、68歳になった時点で、やはり繰下げは行わないでおくことも選択可能です。その場合には、年金の請求時に繰下げの申し出をせず、65歳到達時点の本来の年金をさかのぼって請求することができます。

　したがって、繰下げ受給待機中の人が68歳になった時点でがんになったことがわかり余命1年などと宣告された場合には、その時点から繰下げ受給の申請をするよりも、65歳の時点にさかのぼって繰下げ増額されない年金を一括して受け取ったほうが有利となります。

　なお、繰下げ受給をせず、さかのぼって受け取ることができる最大期間は5年間となりますので注意が必要です。

このさかのぼり受給にはもう一つ注意点があります。それは、もらった年金は所得になり、課税されるということです。

　課税の方法は、過去の各年分の所得計算に反映され、過去にさかのぼって各年分の雑所得が増えることになります。過去に確定申告をしていなかった場合には、確定申告をしなければならない可能性が出てきます。過去に確定申告をしている場合には、修正申告をしなければならない可能性が出てきます。そして過去の各年度別に追加税額が発生した場合には、ペナルティとしての延滞税が課税されることがあります。

2）インフレとデフレの影響

　2020年代に入り、コロナ禍を契機として世界的な物価高、インフレ傾向となっており、日本でもインフレが進行しています。

　上記の年金繰下げの損益分岐点の大前提として、デフレ、インフレ、金利の影響は考慮に入っていません。もし、日本も一部の外国のようにハイパーインフレの状態になり、消費者物価指数が年率8.4％を超える状況になった場合には、繰下げによるメリットはなくなり、少しでも早いタイミングで年金受給するほうが有利となります。

3）繰下げ待機中に死亡の場合

　繰下げ請求は、本人が死亡したときは遺族が代わって行うことはできません。繰下げ待機中に亡くなった場合で、遺族からの未支給年金の請求が可能な場合は、65歳時点の年金額で決定したうえで、過去分の年金額が一括して未支給年金として支払われます。ただし、請求した時点から5年以上前の年金は時

効により受け取れなくなります。この点を考慮すると、制度設計としては10年間の繰下げができますが、繰下げ期間は、最大5年にとどめておいたほうがよいかもしれません。

4）加給年金との関係

老齢厚生年金を受給する際に、併せて受給できる加給年金という制度があります。65歳になった年金受給者に扶養家族である年下の配偶者がいた場合に、その配偶者が65歳に達するまでの間、当該配偶者分として加給年金という追加的な年金が支給されることになります。その加給年金の金額は年間約40万円程度になるため、5年間で約200万円の追加的年金を受け取ることになります。

ただし、繰下げ待機中で老齢厚生年金が支給されていない人には、この加給年金は支給されません。また、加給年金部分には繰下げによる増額などもありません。したがって加給年金を受給見込の方は、老齢厚生年金については繰下げ支給しないほうが有利であると考えられます。

5）障害年金・遺族年金との関係

66歳に達した日以後の繰下げ待機期間中に、他の公的年金の受給権（配偶者が死亡して遺族年金が発生した場合や、障害年金を受給することとなった場合など）を得た場合には、その時点で増額率が固定され、年金の請求の手続きを遅らせても増額率は増えません。このとき、増額された年金は、他の年金が発生した月の翌月分から受け取ることができます。

5 繰上げ受給

　繰下げ受給の逆の発想で年金の繰上げ受給という制度もあります。本来、65歳から受給すべき老齢年金について、本来の支給開始日よりも早いタイミングで受給できるという制度です。年金を早くもらい始めた場合の減額割合は、生年月日の違いにより2パターンあります。

パターン1　1962年4月1日以前生まれの方
　　　　　　1か月当たり0.5%（年6%）
パターン2　1962年4月2日以降生まれの方
　　　　　　1か月当たり0.4%（年4.8%）

6 繰上げ受給の損益分岐点

　例えば、パターン2の場合で、損益分岐点を考えてみましょう。仮に、65歳の1年前から繰上げ受給することとした場合には、1年目64歳のときには、4.8%減額された年金を受け取ることになります。64歳から年金の受け取りを始め、1年後の65歳から減額された年金を受け取る場合、1年当たり4.8%受給額が縮小している中で、何年以上たてば、繰上げ支給しないほうが得だったとなるでしょうか？

　仮に、65歳からもらえる年金が、100万円だと仮定すると、64歳からもらえる年金は、4.8%減額されて95万2000円になります。

　65歳以降の本来もらえた年金100万円と減額された年金95万2千円の差額である4万8000円が、65歳以降の年金差額とな

りますので、何年間で本来の年金額が追いつくかについては、95万2000円÷4万8000円＝19.83333となります。19.833333年は19年10か月と同じ意味になりますので、65歳＋19年10か月＝84歳10か月以上年金をもらい続けることになると、繰上げ受給しないほうがよかったという結果になります。

　同様の考え方で計算した場合、以下の結果になります。

・63歳から繰上げ受給を始めた場合の損益分岐点年齢は83歳10か月
・62歳から繰上げ受給を始めた場合の損益分岐点年齢は82歳10か月
・61歳から繰上げ受給を始めた場合の損益分岐点年齢は81歳10か月
・60歳から繰上げ受給を始めた場合の損益分岐点年齢は80歳10か月

7　繰上げ受給の注意点

　以上の損益分岐点から考えると、例えば持病があり、それほど長く生きられない可能性が高い場合には、まだ元気な60代のうちに多くの年金を受給できるほうがよいと考える方も多いと思います。しかしながら、いくつか注意点もありますので、個々の状況をよく検討して判断されることをお勧めします。以下はその注意点です。

1）いったん繰上げ支給の請求をした場合には、後から取消できません。

2）厚生年金基金から支給される年金も減額される場合があります。

3）65歳になるまでの間、失業手当や雇用保険の高年齢雇用継続給付が支給される場合には、老齢厚生年金の一部または全部の年金額が支給停止になる場合があります（老齢基礎年金は支給停止されません）。

4）厚生年金に加入する会社員の場合には、在職老齢年金（後述）の規程により、一定の要件に該当すると老齢厚生年金の一部または全部が支給停止になります（老齢基礎年金は支給停止にはなりません）。

5）繰上げ請求した老齢年金は、65歳になるまでの間、遺族厚生年金や遺族共済年金などの他の年金を併せて受給できず、いずれかの年金を選択することになります。したがって、65歳未満で遺族厚生年金を受給しているような方は注意が必要です。

6）寡婦年金を受け取っている場合には、繰上げ請求すると寡婦年金を受け取る権利が消滅します。

7）繰上げ請求した場合には、事後重症などによる障害基礎年金・障害厚生年金を請求できなくなります（繰上げ請求しなければ65歳までは請求権があります）。

8　在職老齢年金

65歳を超えて（年金の繰上げ受給している方については、65歳未満でも）年金を受給しながら会社員として働く方は一定数います。

そのような方は、年金を受給しながら給与も受け取ることに

なります。老齢基礎年金については、給与収入の金額がいくらであっても関係なく年金の全額を受給できます。

　一方、老齢厚生年金については、給与および賞与の金額が一定金額を超えると、年金の受給金額が減額されることになります。このように、会社に勤め厚生年金制度に加入しながら受ける老齢厚生年金を在職老齢年金と言います。

　基本的な考え方としては、1か月当たりの賞与＋給与月額（標準報酬額）＋老齢厚生年金月額の合計が50万円以下であれば、年金額が全額給付されます。もし、50万円（支給停止調整額）を超えていたら、超えた金額の2分の1の金額を1か月当たりの年金から控除して年金が支給されます。

　例を挙げて説明しましょう。

〈Bさんの場合〉
　収入状況は次の通りです。
　月額給与　30万円
　過去1年間に受給した賞与　180万円
　老齢厚生年金（年額）　120万円（月額10万円）

　この場合の1か月当たりの収入は、
　30万円＋（180万円÷12か月）＋10万円＝55万円

　年金から減額される金額は、
　55万円－50万円＝5万円
　5万円×1/2＝2万5000円

　よって、月額10万円の年金から2万5000円が控除され、7

万5000円が支給されます。

　なお、このときの計算に使う老齢厚生年金の金額には、加給年金の金額は含みません（考慮しません）。

　また、上記の計算では7万5000円支給されることになりましたが、もし、50万円を超えたその差額の2分の1の金額が、1か月当たりの年金額（10万円）を超えた場合には、その月の老齢厚生年金の支給額はゼロ円となり、老齢厚生年金の金額がゼロ円の場合には、加給年金も支給されません。

　在職老齢年金が適用され、老齢厚生年金が減額または不支給になるのは、なんだか損をしたような気分になりますね。実際、政府のほうでも「在職老齢年金」の制度は、まだ働ける高齢者の働く意欲を削いでしまうということから、支給停止調整額（50万円）の引き上げ、あるいは、在職老齢年金制度の廃止が検討されています。

在職老齢年金対策①

　現状における在職老齢年金による年金減額への一つの対策としては、65歳以降会社との契約を、雇用契約から業務委託契約に切り替え、個人事業主として活動するという方法があります。サラリーマンをやめ、フリーランス（外注先）になることにより、これまでと同額の収入であったとしても会社からの収入は給与所得ではなくなるため、受給する年金が減額または不支給になることはありません。また、給与から厚生年金を天引きされることもなくなるため、会社から受給する手取り金額は増加します（その代わり、健康保険は自己資金で国民健康保険に加入することになります）。

このような対策をとる場合の注意点としては次の２つです。

１）厚生年金保険の被保険者ではなくなりますので、厚生年金の被保険者であることによる様々な権利がなくなります。例えば、65歳以降も厚生年金の被保険者である場合には、働いた期間に対応する厚生年金保険料が毎月徴収されますが、その分受給する年金が毎年９月１日を基準日として見直しとなり、年金額が増加します（在職定時改定）。

２）雇用契約から業務委託契約へ変更する際には、単に契約書のタイトルだけを変えるといった形式だけ変更したとしても、勤務実態が雇用契約と同様であれば、老齢厚生年金の不正受給とされますので注意しましょう。例えば雇用契約であれば、交通費や業務を遂行するための諸経費は会社が負担しますが、業務委託契約の場合には、通常会社は交通費や諸経費を負担しません。また雇用契約の場合には、会社は従業員が働いた時間に対して報酬を支払いますが、業務委託の場合には、会社は外注先が会社に納品した成果物に対して報酬を支払い、原則として働いた時間を管理しません。

在職老齢年金対策②

　もしあなたが中小企業の役員などで、65歳以降も現役で比較的高い役員給与を取っているのであれば、役員の立場で業務委託契約は不自然です。よって、上記①の対策は使えませんが、その代わり次のような対策があります。

具体的事例で説明しましょう。

（対策前）※現状

月額給与　　　　　　100万円

賞与　　　　　　　　なし

年収　　　　　　　　1200万円

老齢厚生年金月額　　14万円

1か月当たりの収入合計は、

100万円＋14万円＝114万円

年金が減額となる金額は、

（114万円－50万円）×1/2＝32万円

　よって、14万円から32万円を控除しますので、年金は全額支給停止となります。

（対策後）

月額給与　　　　　　10万円

賞与　　　　　　　　1080万円（年1回支給）

年収　　　　　　　　1200万円

老齢厚生年金月額　　14万円

1か月当たりの収入合計は、

10万円＋（150万円÷12か月）＋14万円＝36万5000円　（注1）

　年金が減額となる金額は、36万5000円＜50万円となるため、

減額されません。

（注1）賞与の金額に対する厚生年金の取り扱いは、1回の支給につき150万円が限度となるため、150万円以上の賞与を支給しても150万円となります。

　もしあなたが給料の支払い方法を自由に変更できる立場にあるようなら（たとえば中小企業のオーナー社長など）、上記のように変更することにより、在職老齢年金の適用を回避することも可能となります。役員賞与に対しては、税務上経費とならないのが原則ですが、事前確定届出給与（注2）の制度を利用すれば、役員賞与を支給して経費算入することも可能です。

（注2）原則として決算終了後の定時株主総会において、役員の月額報酬と賞与の支給金額、支給時期を決議し、株主総会の日から1か月以内に所轄の税務署に届け出て、かつ、届出通りに支払いを実行した場合には、その役員賞与は経費にすることができる制度。

9　公的年金控除

　公的年金を受け取った場合の所得は、所得税法上雑所得に分類されることはすでに説明しました。

　公的年金以外の雑所得では、収入金額から必要経費を差し引き、所得の金額を計算しますが、公的年金の受け取りには、通常必要経費などはありません。しかしながら、公的年金は老後生活の基礎となる収入ですから、一定の控除を認め、税負担が軽くなるような仕組みになっています。

年末の年齢	公的年金等の収入金額の合計額（A）	公的年金等控除額（令和2年分以降）		
		公的年金等に係る雑所得以外の所得に係る合計所得金額		
		1,000万円以下	1,000万円超 2,000万円以下	2,000万円超
65歳未満	130万円未満	60万円	50万円	40万円
	130万円以上 410万円未満	A × 25% + 27.5万円	A × 25% + 17.5万円	A × 25% + 7.5万円
	410万円以上 770万円未満	A × 15% + 68.5万円	A × 15% + 58.5万円	A × 15% + 48.5万円
	770万円以上 1,000万円以下	A × 5% + 145.5万円	A × 5% + 135.5万円	A × 5% + 125.5万円
	1,000万円超	195.5万円（上限）	185.5万円（上限）	175.5万円（上限）
65歳以上	330万円未満	110万円	100万円	90万円
	330万円以上 410万円未満	A × 25% + 27.5万円	A × 25% + 17.5万円	A × 25% + 7.5万円
	410万円以上 770万円未満	A × 15% + 68.5万円	A × 15% + 58.5万円	A × 15% + 48.5万円
	770万円以上 1,000万円以下	A × 5% + 145.5万円	A × 5% + 135.5万円	A × 5% + 125.5万円
	1,000万円超	195.5万円（上限）	185.5万円（上限）	175.5万円（上限）

出所：『令和6年度版　税務ハンドブック』（コントロール社）p.152

図表4－1をご覧ください。

　まず年齢が65歳を境として、65歳未満の方と65歳以上の方で計算式が異なります。65歳以上の人のほうが、より多くの控除を取れることになります。

　次に、公的年金以外の所得の大小により、控除額が変わってきます。公的年金以外の所得が低い人のほうが、控除額が多く取れるようになっています。

　例えば65歳以上で公的年金を受け取っている場合、公的年

金以外の給与所得などが年間で1000万円以下の場合で、かつ、公的年金収入が年間で330万円未満の場合には、公的年金控除額は、図表4－1より110万円となります。このような場合、もし年金収入が110万円よりも低い場合には、年金収入の全額が控除されることになります。

公的年金所得が330万円以上410万円未満の場合で、仮に350万円であると仮定すると、図表4－1の計算式に当てはめて、控除額は350万円×25%＋27万5000円＝115万円となります。

よって公的年金等の雑所得の金額は350万円－115万円＝235万円になります。

5 サラリーマン(会社役員)の 節税策−小規模企業共済

お勤めの会社が一定の条件に該当すれば、個人事業主や会社の役員の方限定ですが、小規模企業共済という制度への加入ができるようになり、加入して共済金（掛金）の支払いを行うことにより、支払った金額の全額が所得控除になります。

小規模企業共済は中小機構が運営しており、2024年現在150万人以上の方が加入している制度になります。退職（廃業）時の生活の安定した事業再建、社会保障の補完のために、1965年に経営者のための退職金制度として発足した制度です。

1 小規模企業共済の特徴（メリット）

1）掛金の全額が所得控除できる（節税メリット）

実質的には、個人事業廃業もしくは退職の準備のための積立金であるため、原則として掛金は全額戻ってきます。掛金を支払った際に全額所得控除ができますので、所得が高い方（所得税率が高い方）にとっては、大きな節税となります。逆に所得が低い方にとっての節税効果は比較的小さくなります。

2）受け取り方法を選択できる

退職時または廃業時に一括で受け取るか、分割で受け取るか、もしくは一括と分割を併用するか、いずれかのパターンを選択

できます。一括で受け取る場合には、退職所得としての扱いになり、比較的多額の収入であっても課税上、優遇されています。

分割で受け取る場合には、公的年金等の雑所得として扱うことになります。したがって、一定の公的年金等控除がありますので、分割であっても優遇されていると言えます。

3）低金利の貸付制度を利用できる

事業において、急に資金が必要になった場合や生活資金が足りなくなった場合に、原則としては、過去に支払った掛金の7割から9割の範囲内で、迅速な貸付を受けることができます。貸付利率は、2024年8月現在、0.9%〜1.5%となっています。

なお、担保や保証人なども不要です。掛金の範囲内での貸付のため、貸す側にとってもすでに支払い済みの掛金が実質的な担保になっているため、ほぼノーリスクで貸付を行うことができるわけです。

2　加入資格

1）会社の条件

会社役員の資格で加入する場合の会社そのものが、大企業の場合にはこの制度の対象外となり、小規模な会社の役員が加入資格を有しています。業種により2種類に区分されています。

2）個人の条件

個人事業主または小規模な会社の役員の方が加入できます。

役員ではないサラリーマンが、副業で個人事業を営んでいる場合などは加入できません。

営む事業の種別	従業員数の制限
建設業、製造業、運輸業、不動産業、農業、サービス業（宿泊業・娯楽業）他	従業員20人以下 （注1）
商業（卸売業・小売業）サービス業（宿泊業、娯楽業を除く）	従業員5人以下 （注1）

（注1）正社員として雇用されている従業員の数であり、役員、家族従業員、パート従業員、アルバイトなどを除きます。また、会社の規模は、小規模企業共済に加入時の条件であり、いったん加入すれば、会社が成長して従業員数が制限人数を超えても引き続き加入できます。

3 掛金の範囲

月額1000円から7万円の範囲内で、500円単位で設定できます。また年1回または年2回の支払い方法を選択することも可能です。掛金の納付方法は、口座振替になります。

4 節税効果

仮に毎月7万円を掛金として積み立てた場合には、年間84万円が掛金総額となります。

この全額が所得控除できることになりますので、節税効果の考え方は、第3章の医療費控除で検討した医療費の所得控除の考え方とまったく同じです。図表2-4に記載の所得税と住民

税の限界税率をかければ、節税効果が計算できます。

　例えば、年収700万円の会社員であれば限界税率は30％になりますので、84万円×30％＝25万2000円が、小規模企業共済に加入して、年間84万円を支払った場合の節税効果になります。

6 グロスアップ給与

　グロスアップ給与とは、簡単に言えば、勤務先である会社との雇用契約において、手取り金額で給与の保証をしてもらう方法です。

　通常の雇用契約では、例えば諸手当を含め月額50万円と給与を決めますが、グロスアップ給与での雇用契約では、手取り金額が50万円になるように、給与を定める方法です。所得税や住民税などを実質的にすべて会社が負担し、手取り金額で給与の額を会社が保証する雇用契約となります。

　したがって、所得税の額をどうすれば低く抑えることができるかという視点に立っているわけではなく、一般に言われる節税とは少し意味合いが変わってきます。節税策というよりも、税金の影響を受けない給与の受け取り方、と理解いただいたほうがわかりやすいかもしれません。

　このようなグロスアップ計算は、外資系企業の海外本社採用の外国人社員が日本に転勤をした際に、しばしば使われる方法です。外資系企業だけでなく、海外展開している日本企業が、社員を海外に出向させるときにもしばしば使われます。

　グロスアップ給与の言葉の意味について若干補足しますと、グロスアップの「グロス」というのは、税金、社会保険料控除前の給与の総支給額を指します。通常は総支給額から社会保険料、所得税、住民税などを差し引き手取り金額が算出されます

が、グロスアップ計算では、最初に手取り金額を決めて逆算しながら総支給額が最後に決まることになります。

7 インセンティブ報酬（ESPP、RSU）

　株式上場している外資系企業でよく行われているインセンティブ報酬制度として ESPP、RSU などがあります。一昔前は、ストックオプション（SO）を使っているケースがありましたが、最近は ESPP、RSU に関連する確定申告の依頼が圧倒的に多くなりました。

　ESPP も RSU も一定の役員または従業員にインセンティブとして会社の株式を付与する制度です。

　インセンティブという言葉は incentive という英語がもとになっており、何らかの行動を促す「刺激」や、「動機」を意味するものです。

　基本的な会社の意図は、会社の株式を割安な価格（または無料）で役員または従業員などの対象者に持ってもらうことにより、会社への帰属意識を高めしっかり働いてもらうという趣旨です。

1　ESPP（Employee Stock Purchase Plan）

　従業員のための自社株購入の制度のことです。

　通常、一定の従業員の中から応募者を募り、自社株を買いたいという従業員が参加することになります。会社によって細かな規定は異なりますが、一定期間のうちに申し込みを行い、そ

の期間中の株価の変動を加味し、株式の購入時点においては10％から15％ぐらいの割引率で株式を購入できるという制度です。

　購入時点における株価が1株100円と仮定し、それを1株85円で購入できたとすると、1株当たり15円儲けたことになります。もし1万株購入していれば、購入時の利益は15万円となります。

　この15万円の利益部分は、従業員が会社から経済的利益を受けたものとして、給与所得に加算すべき収入となりますので、原則として各従業員が自分で確定申告をして税金を納めることになります。

　仮に3年後に株価が上昇し、1株150円になったため、1万株すべてを売却したとしましょう。その際には、株式の譲渡所得として、原則として確定申告が必要になります。

　その際の譲渡所得の計算は、「株式の売却価額－株式の取得価額－譲渡費用」で計算しますが、このときに取得価額となるのは、購入代金である85円ではなく、購入時の時価である100円となります。

　ただし、株式が上場株式であり、日本の証券会社を通して売却が行われ20.315％の源泉税が差し引かれている場合には、申告しない選択も可能です。

　勤務先が外資系企業で、外国の証券会社等を通して売買し、日本の源泉税が控除されていない場合は確定申告が必要になります。その際、外国の証券会社において、外国の源泉徴収がされている場合、その全部または一部を日本での確定申告の際に「外国税額控除」として、日本で納める譲渡所得税から差し引けることがありますのでご留意ください。

2 RSU (Restricted Stock Unit)

　RSU とは、役員や従業員などの対象者に譲渡制限付きの株式を与え、一定の条件を達成できた時点で譲渡制限が外れ、対象者は自由に株式を売却することができるようになるといった制度です。

　譲渡制限付き株式を付与した段階では、株式の譲渡が自由にできないため、税務的には、株式をもらった従業員に経済的利益は発生していないと認識し、所得税は発生しません。課税が生じるのは、一定の条件（例えば、在籍期間３年を経過など）を満たし、譲渡制限が外れた日になります。

　この時点で対象者は自由に株式を売却することができるため、譲渡制限解除日の株価を基準として、その株式の時価の金額につき、経済的利益が生じたと認識して、給与所得として課税されることになります。原則として、会社は年末調整では処理してくれないので、自分で確定申告をすることになります。

　付与されたのちに、その株式を売却した際には、上記のESPP で説明した方法と同様に、譲渡所得として確定申告することになります。

8 非居住者の還付申告

　非居住者とは、日本に住んでいない人を言います。

　具体的な例で言えば、海外転勤となり、外国に住んでいる方がいるとします。外国の子会社もしくは支店で働くことにより給与が支給されますが、そういった方は、原則として日本での所得税はかかりません。代わりに、実際に居住している外国でその国の所得税を納税することになります。

　例えば、日本国内にある自宅を他人に貸して外国で働いている人の場合には、日本にある自宅を貸し付けることによる賃貸収入があり、日本での確定申告が必要になります。本人は海外にいるにもかかわらず日本で確定申告が必要な理由は、所有している日本国内の不動産が、貸付という行為に基づき収益を発生させているからです。これを国内源泉所得と言います。

　借主が法人の場合には、借り手が家賃から20.42%の源泉徴収を差し引いて、賃借人である法人が支払日の翌月10日までに日本の税務署へ納付することになります。

　したがって、家賃が月額10万から20万円程度の自宅を貸し付けている非居住者であるサラリーマン大家さんが、源泉税を差し引かれている場合には、多くの場合、確定申告をすることにより、源泉所得税の一部または全部の還付を受けることができます。

4 土地の時価

　所得税の計算、相続税の計算、固定資産税の計算などを行う際に、土地の時価が問題になることがあります。また、実際に土地・建物を売買する際に、その不動産の時価を正しく把握することは、売買の価格交渉のときにもプラスになります。そこで、土地の時価について考えてみたいと思います。

　土地の価格の評価については、一般に次の4つの指標があると言われています。

・公示地価（基準地価）
・実勢価格
・路線価（相続税評価）
・固定資産税路線価

では、それぞれ概要を見ていきましょう。

1）公示地価

　地価公示法に基づき、国土交通省土地鑑定委員会が、毎年3月下旬に公表している土地（標準地）の1平米当たりの価格です。公示地価は、次のような役割を担っています。

　・一般の土地の取引に対して指標を与えること

・不動産鑑定の規準となること
・公共事業用地の取得価格算定の規準となること
・土地の相続評価および固定資産税評価についての基準となること
・国土利用計画法による土地の価格審査の規準となること
　等

　1地点につき不動産鑑定士2名以上による鑑定評価をもとに決まります。算定基準日は1月1日です。
　公示地価とよく似たものに、「基準地価」というものがあります。これは、国土利用法に基づき都道府県が算定する1平米当たりの価格で、毎年7月1日現在の土地の値段で、毎年9月下旬に公表されます。
　土地取引規制に際しての価格審査や地方公共団体等による買収価格の算定の規準となることにより、適正な地価の形成を図ることを目的としています。公示地価が都市やその周辺地域を調べるのに対し、基準地価はその他の地域も対象としています。

2）実勢価格

　土地の実勢価格とは、実際の需要と供給の関係で、現実に取引されている土地の価格になります。売り手と買い手の状況によっても変わってきますので、一概には言えませんが、一般には、公示地価の1.1倍程度になることが多いようです。
　国土交通省の不動産情報ライブラリというサイトから、過去の実際の取引価格を調べることができます。

3）路線価

　路線価とは、相続税や贈与税などの税金計算をする際に、国税庁が定めた一定の計算方法による土地の価格になります。住宅地に隣接する道路に1平米当たりの土地の単価が決められ、その単価をもとに地価を計算するところから路線価と呼ばれています。国税庁は、公示地価の8割程度の価格で路線価を定めていると言われています。路線価は国税庁のサイトから調べることが可能です。

4）固定資産税路線価

　固定資産税路線価とは、路線（道路）に面した宅地1平米当たりの価格のことです。市町村が課税する固定資産税や都市計画税の算出基準となる固定資産税評価額を求める際に用いられ、公示地価の7割程度が目安とされています。

　固定資産税路線価は、3年に一度、市町村から委嘱された不動産鑑定士が、公示地価で使う標準値の価格をもとに鑑定を行い、その結果をもとに市町村が決めています。土地の所有者であれば、市町村役場の固定資産税課で評価証明を発行してもらうことができます。

第 **5** 章

ケース別　節税事例

この章を読んでいただくと次のことがわかります

- ▶ 通常の医療費控除とセルフメディケーション税制の使い分けの考え方
- ▶ ペアローンを活用した住宅ローン控除
- ▶ ふるさと納税により一時所得が生じる場合の確定申告の方法
- ▶ 高年齢雇用継続給付の活用例
- ▶ その他、節税の事例

58歳（女性）、年収600万円
独身・都市部で一人暮らし

節税事例 ▶ iDeCo

　Aさんは中堅の商社で営業職をしています。収入は安定していますが、現在の貯金は800万円ほどであり、会社の定年が65歳までのため、退職後の生活に不安を持っています。最近届いた「ねんきん定期便」の内容を確認したところ、65歳から受給予定の老齢基礎年金、および老齢厚生年金の見込み金額が、月額約15万円程度になることがわかりました。現在持ち家はなく、多くの退職金を受給できる見込みもなく、老後の生活が預金を取り崩す形となり退職後の生活に不安が残るため、自分自身の年金の上乗せを確保したいと考えています。

　iDeCo に加入し、老齢基礎年金および老齢厚生年金の上乗せとして毎月一定額を積み立てることをお勧めします。

　Aさんは、企業年金未加入のため、iDeCo については月額2万3000円までの掛金の支払いが可能となっており、2万3000円の掛金拠出を推奨します。

iDeCo に加入した場合の節税額

　Aさんが、iDeCo に加入した場合の年間節税額は、現状給

与650万円が変更ないとした場合、年収600万円の限界税率は、所得税＋住民税で20％（図表2－4参照）になりますので、節税金額は次の計算式で算出できます。

年間掛金27万6000円×20％＝5万5200円……年間の節税額

つまり、もしiDeCoに入らず、掛金相当額を単に老後の貯蓄に回す場合と比較して、所得税＋住民税が年間で5万5200円節約できます。これを7年間続けることにより、節税総額としては5万5200円×7年間＝38万6400円となります。

毎月2万3000円を58歳から7年間拠出した場合の拠出掛金の合計金額は2万3000円×12×7＝193万2000円になります。

実際には、運用益が見込まれますが、資産運用にはリスクが伴うことから、保守的に見て運用益ゼロとして193万2000円を65歳以降75歳までに一時金（退職所得）、もしくは年金（雑所得）として5年以上20年以下の期間で分割して受け取ることができます。

受け取り時には、原則所得として課税されることになりますので、受け取り時期が近づいてきた時点で、そのときの税制の適用状況を加味して、できるだけ大きな課税にならないように配慮する必要があります。

34歳（男性）、世帯年収900万円（自身は700万円）妻（パート勤務）、子供2人（小2・小1）

節税事例 医療費控除、セルフメディケーション税制

　Bさんは、子育てをしながらパートで働く妻と2人の子供のあるサラリーマンで、年収は700万円です。最近、ネットで医療費控除という節税方法があることを知りましたが、よく調べてみると、Bさんにとっては、年間10万円以上の医療費の支出がないと医療費控除の適用がないことがわかりました。

　現在、自分も含めて、結婚以来、妻の出産時を除き誰も入院するほどの大きな医療費が必要になったことがなく、年間10万円を超える医療費が発生することはないと思っています。また、BさんおよびBさんの妻は、それぞれ勤務先で毎年、定期健康診断を受けており、ここ数年、健康上、特に大きな問題はありませんでした。

　現在、上の子供が耳鼻咽喉科に通院して飲み薬を処方されているのにくわえ歯科治療を受けているのと、BさんとBさんの妻が年1、2回程度、風邪などの症状で内科を受診することがあるくらいで、年間数万円程度の医療費が発生しています。

　それ以外に、Bさんの妻は軽い関節痛の症状があり、医師の処方はありませんが、近くの漢方薬局で市販の漢方薬を継続的に飲んでいます。漢方薬については、以前、医師

の処方がないと医療費控除に使えないと聞いた記憶があるので、この分はあきらめています。自分を含む家族の軽いケガや風邪などの治療については、病院へ行くと他の患者からの病気の感染などの恐れもあることから、なるべく病院等へは行かず、薬局で薬剤師と相談して、市販薬で済ませていることが年に数回あります。

　以上のことから、医療費控除のことは考えておらず、医療費の領収証を保管していません。

Bさんへの提案　Bさんへは、次の3段階の提案をします。

1）通常の医療費控除の適用の可能性

　Bさんは、年間の医療費が10万円を超えないとの判断で、医療費控除を受けられないと考えているため、医療費の領収書の保管をされていません。Bさんの説明をお聞きする限りでは、確かにBさんのお考え通り、10万円に達しない可能性もありますが、10万円を超える可能性も十分にあり得ます。

　理由は次の通りです。

・2人のお子様が、現在小学校1年生と2年生であることから、例えば、もし不正咬合の歯科矯正など治療としての歯科矯正を行うようになる可能性もあり、そうなると多額の医療費控除の対象となり得る医療費が発生する可能性があります。
・医師の処方箋がなくても、病気等の治療のための漢方薬であれば、医療費控除の対象になるものがあります。例えばその漢方薬がヨクイニントウ（ヨク苡仁湯）であれば、通常、医

師の処方箋がなくても医療費控除の対象、または、セルフメディケーション税制の対象になるとされています（この事例ではBさんの妻はヨクイニントウを飲んでいるものとして説明を進めます）。

・Bさんは領収証を残していないようですが、実際にすべての領収証を残していて、それらを足し算すれば、10万円を超えていることもあります。少なくとも次に説明するセルフメディケーション税制の対象にはなる可能性が非常に高く、薬局で購入した領収証、レシートの保管は無駄にはならないはずです。

・過去の医療機関発行の領収証を捨ててしまっており、明細がわからず、再発行を依頼することもできない場合には、もし全国健康保険協会（協会けんぽ）の被保険者であれば、奥の手として、任意の期間を設定して医療費のお知らせの発行を依頼することができます。還付申告の場合には、期限後申告であってもペナルティなどはありませんので、医療費の金額が不確かなのであれば、当初の申告期限から5年以内であれば、遅れて還付申告となっても問題ありません。仮に、医療費控除以外の理由で、期限内に確定申告の必要があり、当初の確定申告期限までにすでに確定申告している場合には、ひとまずわかっているだけの医療費の金額をもとに医療費控除を行い、後日、更正の請求（注1）という手続きを行うことにより、控除できていなかった部分の医療費の追加控除を行い、税金の還付請求をすることもできます。

（注1）「更正の請求」とは、過去に確定申告をした者が、何らかの誤りのため、結果的に税金を払いすぎていた場合に、払いすぎた税金を戻し

てもらうための税務署（国）に対する請求のことを言う。

2）セルフメディケーション税制の適用の可能性

　Ｂさんの予想通り、年間に支払った医療費の合計金額が10万円未満となる可能性もあります。その場合であっても、Ｂさんはセルフメディケーション税制を適用して、医療費控除を受けられる可能性が非常に高いと判断できます。

　セルフメディケーション税制を適用するためには、以上の2つの要件が必要です。

①その年度に健康診断等を受けていること
②対象となる医薬品を購入しており、その金額が年間1万2000円超であること

　Ｂさんは、上記2つの要件を満たしていると考えられますので、対象となる医薬品の領収証を保管し、年明けにセルフメディケーション税制の対象となる医薬品を集計してみることをお勧めします。

3）通常の医療費控除とセルフメディケーション税制の比較

　ここからは仮定の計算ですが、Ｂさんが、実際に1年間の医療費の集計を行った結果が次のようになった場合に、節税額はどれくらいになるかを検討してみましょう。

（Ｂさんの医療費の内訳）
a. Ｂさん本人の年間医療費（保険診療等）　　　　　　2万3000円
b. Ｂさんの家族の医療費（保険診療等）　　　　　　　3万6000円

c. B さんの妻の漢方薬購入費（スイッチ OTC に該当）　6 万円
d. B さんの子供の自由診療（歯科）の医療費　　　　4 万5000円
e. 上記以外のスイッチ OTC 医薬品の年間購入代金

2 万6000円

　上記のうち、医療費控除の対象となる医療費は、a.+ b. + c. + d. ＝16万4000円となります。セルフメディケーション税制の対象となる医薬品は、c. + e. ＝ 8 万6000円となります。

　医療費控除とセルフメディケーション税制は、同じ年度で同時に適用することはできず、どちらか一方しか適用できません。

　この例のようにどちらも適用できる場合には、実務上多くの方は、計算方法がわかりやすいということと、薬局で購入した領収証を保管していない場合があることから、医療費控除を適用される場合が多いです。

　また今回の例では、医療費控除の対象額（16万4000円）のほうが、セルフメディケーション税制の対象額（ 8 万6000円）よりも多いため、通常の医療費控除のほうが多く節税できそうに見えますが、果たしてその通りになるか、検証してみましょう。

（通常の医療費控除を適用した場合の節税額）

　B さんは、年間に支出した医療費16万4000円のうち10万円を超える部分につき、所得控除を受けることができますので、所得控除の金額は 6 万4000円になります。

　節税できる金額は、 6 万4000円に年収700万円の方の限界税率（30％）を乗じて求めます（図表 2 － 4 参照）。

（16万4000円－10万円）×30％ ＝ 1万9200円

（セルフメディケーション税制を適用した場合の節税額）

　セルフメディケーション税制の対象になる年間の薬代は、8万6000円であり、その金額から1万2000円を控除した金額が、セルフメディケーション税制に基づく医療費控除の金額になります。そして、Bさんの所得レベルに応じた限界税率（30％）を乗じて、節税額を求めることができます。

（8万6000円－1万2000円）×30％ ＝ 2万2200円

（有利判定）

通常の医療費控除による節税額	1万9200円
セルフメディケーション税制による節税額	2万2200円

　よって、Bさんのケースではセルフメディケーション税制を適用して申告したほうが、通常の医療費控除により申告するよりも3000円有利という結果になりました。

44歳（女性）、年収600万円
地方都市在住、独身・持ち家あり

節税事例 扶養控除、同居でない親の医療費控除

　Cさんは、地方都市に住む会社員です。数年前までは、東京の大手企業に勤めており、年収も800万円程度でしたが、実家の父親の死亡により、実家まで車で40分程度の地方都市に引っ越し、同時に地元企業に転職しました。その際にこれまで貯めた貯金で、50平米ほどの中古マンションを買い、一人暮らしをしています。

　実家で一人暮らしをしている母親（76歳）は、もともと体が丈夫ではなく持病があり、現在は一人で生活できていますが、面倒を見る子供はCさんしかいないため、月に2〜3回、週末には実家に泊まり、母親の様子を見ています。

　最近は母親の物忘れが多く、認知症の兆候があるのではないかと考え、近い将来、一人暮らしが難しくなってきた場合には、老人ホームもしくは介護施設に入居させようと考えています。

　また、現在母親は年金生活をしており、貯金はそれほどなく、2か月に1回もらっている老齢基礎年金および老齢厚生年金の金額は年間約170万円（税引前）であり、母親の家計が継続して赤字になっているため、母親の病院代相当分（月平均3万円程度）と水道光熱費をCさんが毎月

補助している状況です。

　Cさんは、毎年年末調整時期に扶養控除等申告書を会社へ提出していますが、独身の一人暮らしのため、扶養家族はなしで申告しています。またCさんは、これまで大きなケガや病気をすることもなく、年間に支出する自身の医療費は3万円程度であり、医療費控除の確定申告は行っていませんでした。

　Cさんへの提案は次の4つがあります。

1）母親を所得税法上の扶養にすること

　Cさんは、母親と別居していることから、扶養には入れないと思い込んでいる、もしくは母親を扶養親族に入れるかどうかの検討をしていなかったと思われます。所得税法では、生計を一にする親については、別居していたとしても、実質的に生計を一にして生活している状況に近い状態であれば、所得税法上の扶養親族にできることになっています。

　Cさんは、月2〜3回、週末に母親のいる実家に帰り、また、母親の生活が年金のみでは足りないことから、医療費や水道光熱費として毎月金銭を渡しており、生計を一にしていると言える状態であると認められるため、扶養親族になると考えられます。所得税法上、70歳以上の者は老人扶養親族となり、同居している場合には、「同居老親等」として58万円の扶養控除、同居していない場合には「同居老親等以外の者」として48万円の所得控除を受けることができます。

　Cさんが、母親を扶養親族にすることによりにより節税できる金額は、所得控除額（48万円）にCさんの年収に対応する

限界税率（20%）を乗じることで算出できます。

48万円×20％＝9万6000円……節税効果

なお補足情報として、Cさんの母親は、所得税法上の扶養親族になりますが、社会保険（健康保険）の扶養親族になることはありません。その理由は、母親が75歳を超えているため、後期高齢者となり健康保険の扶養親族になれないことが一番の理由です。もし母親が75歳未満であれば、年金収入が150万円（180万円以下）であることから、社会保険上も扶養親族になる可能性があります。

2）母親のために支払った医療費を医療費控除の対象にすること

Cさんは、これまで医療費控除に関しては、自身の医療費が年間3万円程度であったことから、医療費控除の申告を行っていませんでしたが、Cさんが負担している母親の医療費について、Cさんが実質的に支払いをしていることから、Cさんの医療費控除として申告できると考えられます。

母親の医療費の金額が月額3万円として1年間で36万円、Cさん自身の医療費が年間で約3万円とのことなので、合計で39万円の医療費をCさんが支払っていることになります。

したがって医療費控除の金額は、39万円から10万円を差し引いた金額（29万円）となります。そして、Cさんが確定申告をして医療費控除を申請することにより、節約できる税額（所得税＋住民税）は、次の通りです。

29万円×限界税率（20%）＝5万8000円……節税効果

3) 過去の申告漏れ分の請求

1）の扶養親族の追加、および、2）の医療費控除について、過去においても同様の状況であれば、Cさんは最大5年間さかのぼって医療費控除を含む確定申告、もしくは、更正の請求をすることができます（注1）。

ただしさかのぼって請求を行う場合には、税務署も念入りにチェックをしますので、説明を求められる可能性が高く、証拠資料などを準備の上、申請すると良いでしょう。例えば、過年度分の医療費控除については、医療機関が発行した領収証が残っていればベストです。

仮に、過去5年間、現在と同様の状況であり、説明のための証拠もそろっていると仮定すると、Cさんは1年当たり15万4000円、5年分で約77万円の還付金を受け取ることができます。

（注1）Cさんが、過去に確定申告をしていなければ、5年以内であれば過去の年度の確定申告を行うことができます。もし、すでに確定申告を行っている場合には、更正の請求という手続きになります。どちらの方法になるかにより、提出する書類の形式が異なります。

4) 後期高齢者の医療保険料、介護保険料の負担

相談内容からすると、Cさんはお母様の医療費（月額3万円程度）とお母様の自宅の水道光熱費を負担されているとのことです。

水道光熱費については、金額は明示されていませんが、おそらく月額1万数千円から2万円前後ではないかと推測します。

Cさんが負担しているお母様の医療費については、医療費控

除の制度を使って負担額の一部がＣさんの所得から控除できることにより、節税に役立っていると言えます。一方、負担している水道光熱費については、Ｃさんの所得控除に反映できていません。

そこで提案ですが、今後はお母様の水道光熱費はご自身で支払っていただくようにし、余ったお金でお母様の後期高齢者医療保険料、および、介護保険料をＣさんが負担してあげるようにしてはいかがでしょうか。この変更により、Ｃさんが支払うお母様の保険料を社会保険料控除としてＣさんの所得から控除し、結果的にＣさんの税額が減少します。

お母様の年齢と収入状況からすると後期高齢者医療保険料および介護保険料は年間十数万円程度であると考えられ、Ｃさんが現在負担している水道光熱費と同程度の負担になると思われます。

現在お母様は、後期高齢者保険料、介護保険料は、年金受給時に天引きされる形（特別徴収）で支払っておられると考えられるため、このままでは、Ｃさんが保険料を負担したことにはなりません。事前に市町村役場に相談し普通徴収に切り替えていただく、もしくは、Ｃさんの銀行口座から振替するように変更してもらうなどの手続きを取っていただくことが必要になります。

このような手続きが完了した後は、Ｃさんがお母様の保険料を負担したことになりますから、Ｃさんの年末調整または確定申告において、お母様の保険料を所得控除することができるようになります。

仮に、後期高齢者保険料と介護保険料の合計金額が年間12万円だとすると、Ｃさんの年間の節税金額は、次の計算式で求め

られます。

12万円×限界税率（20％）＝２万4000円……節税効果

31歳（女性）、世帯年収1400万円（自身は500万円）子供なし

節税事例　NISA

　Dさんは、現在年収500万円で子供はいません。Dさんの配偶者は年収900万円で夫婦合計の世帯所得は1400万円です。Dさんは公務員、Dさんの配偶者は上場企業に勤務しており、収入も安定し、今後徐々に年収も増加する見込みであることから、NISAを使った投資を検討しています。

　現在Dさんは約300万円、Dさんの配偶者は約500万円の株式（日本株）および、全世界株式に投資するタイプの投資信託を保有しており、大手ネット証券の特定口座で運用を行っています。投資方針としては、2人とも比較的配当性向の高い経営の安定した日本企業の株式や、リスク分散の意味で全世界株式に投資する投資信託を購入し、一度購入したら長期で保有するという方針を持っており、短期で売却することは考えていません。したがって、毎年いくらかの配当収入があり、配当金額に対して約20%の源泉徴収をされ、源泉徴収後の配当を受け取っています。昨年のDさんの源泉控除前の配当収入は年間7万円、Dさんの配偶者の源泉控除前の配当所得は14万円でした。

　現在の収入から考えて、Dさんは年間100万円程度、Dさんの配偶者は年間200万円程度、追加的に株式等に投資

していくことができると考えています。

　なお、DさんとDさんの配偶者は節税対策および老後の生活の安定のため、昨年 iDeCo に加入し、積立可能な最高限度額を掛金として毎月支払っています。

　Dさん夫婦は、すでに iDeCo には加入済みであることから、まだ加入されていないと思われる NISA への加入をお勧めします。すでに証券会社に口座をお持ちで株式投資をしていることから、NISA 加入の簡単な手続きをするだけですぐに NISA を始めることができます。

　NISA は iDeCo と比較すると、iDeCo のように掛金の金額を所得控除することができないため、節税効果が小さいと思われていますが、その代わり NISA は、株式や投資信託を売却したときに無税で現金を手に取ることができます（iDeCo の場合には、一時金もしくは年金として受け取ったときに、退職所得または雑所得として課税対象になります）。

　iDeCo は、途中解約ができず60歳を過ぎないと積み立てたお金を受け取ることができませんが、NISA の場合には、緊急で現金が必要になった際には、株式等を売却して数日で現金化することができ、しかも現金化した際に税金はかかりません。また NISA は、加入時および資金の拠出時の手数料がゼロ円なのに対し、iDeCo は拠出時に数千円、掛金の拠出時に数百円の手数料がかかります。運用期間中に発生した配当金等に税金がかからないのは、iDeCo も NISA も同様です。

　現在制度化されている NISA では、1年間につみたて投資枠として120万円まで、成長投資枠として240万円まで、合計

年間360万円までの金額を投資することができます。

　毎年360万円投資し、投資残高が1800万円になるまで投資することが可能です。

　資産防衛策の一つとして、現金の代わりに株式や株式投資信託を持つことはインフレ対策の一つです。

　今後、長期的に年平均３％程度のインフレになると仮定し、株式投資による運用益も年３％程度になるという前提でシミュレーションを行ってみると、例えば、一時金として1800万円を投資し、年率３％で25年間運用した場合には、25年後には資産は２倍以上に成長します。

NISA での運用と特定口座での運用のどちらが良いか？

　Ｄさん夫婦にとって、現状の特定口座での運用と NISA での運用のどちらがよいかについては、議論の分かれるところではありますが、もし、将来的に運用益が出ると仮定すると NISA での運用のほうが、節税効果が高いという理由でおすすめです。

　特定口座での運用については、源泉徴収ありと源泉徴収なしの２つから選択することができ、源泉徴収ありを選択していると、配当および株式譲渡益に対して約20％の源泉所得税が発生しますが、確定申告をしない選択も可能となっており、申告の手間を回避できますが、約20％の源泉所得税を徴収されることになります。

　一方 NISA を行っている場合には、配当金や、譲渡益に対して非課税となっていますので、源泉所得税はかかりませんし、確定申告も不要です。したがって、運用益がプラスの場合には、明らかに NISA のほうが有利と言えます。

特にDさん夫妻はまだ年齢も若く、長期にわたって株式や投資信託を保有することで、保有資産がかなり大きな含み益に成長する可能性もあります。そのような場合、NISAで運用していれば株式売却時の税金もかかりません。

　一方、株式が値下がりして損失が生じた状態で売却した場合にはどうでしょうか。特定口座を利用している場合には、株式の売却損は、同一年度内に生じた株式の売却益や配当金と相殺することができ、同一年度内において相殺しきれずに残った損失があれば、3年間に限り繰越しすることができます。

　NISAの場合には、万一、NISA口座内で購入した株式が値下がりして売却し売却損が出たとしても、同じNISA口座内で発生した他の株式の売却益や配当金と相殺処理するといった考え方はありません。また、NISA口座以外に、特定口座や一般口座を持っていて、当該他の口座で生じた株式の売却益とNISA口座で生じた株式の売却損を相殺するようなこともできません。

　以上のことから、Dさん夫妻の現状お持ちの株式や投資信託については、「長期的には株式は値上がりする」という前提であれば、現状、特定口座内にある株式や投資信託をNISA口座に少しずつ変更しつつ、新たな余裕資金でNISA口座内の投資を増やしていかれるのがよいと考えます。

　その際の注意点としては、特定口座からNISA口座へ株式等を直接移管することはできません。いったん特定口座内の株式等を売却し、NISA口座にて購入する処理が必要になります。

　したがって、特定口座で保有する株式に含み益がある場合には、売却時点で課税されることになります。もし、特定口座内に複数銘柄を持っていて、含み益のある株式と含み損のある株

式を同一年度内に売却することができれば、特定口座内で損益を相殺することも可能です。

64歳（男性）、年収1100万円
（給与年収300万円、不動産収入800万円）
地方在住、独身・賃貸住み

節税事例 不動産所得、小規模企業共済、年金繰下げ

　Eさんは、定年のため来年会社を退職する予定です。現在は地方都市に住み、同地域にて木造アパート2棟（合計14部屋）と月極め駐車場を保有し、賃貸経営を行っています。Eさんの父親が数年前に他界し、一人息子であるEさんが、父親が行っていた賃貸経営を相続により引き継いだものです。

　アパートと駐車場の賃貸収入は年間で800万円ほどあり、そこから、固定資産税、減価償却費、修繕費、広告費、および青色申告特別控除などを差し引いて、利益（不動産所得）は約350万円あります。幸い、物件の近くに大手企業の工場があることもあり、アパート、駐車場ともにすべて埋まっている状況です。

　Eさんは、父親の賃貸経営を引き継いで行っているため、例えば、青色申告特別控除の適用（55万円）も実施しておられ、また減価償却計算も適切に行っています。したがって、不動産所得の計算については、特にアドバイスすることはありません。

不動産所得以外で2点アドバイスさせていたたただきます。

1）小規模企業共済

　小規模企業共済は、原則として（副業ではなく）個人事業をメインでされている方が加入できます。不動産賃貸経営の場合には、事業規模に達している場合には、加入が可能となります。Eさんの投資用不動産は「5棟10室基準」を満たすことから事業的規模に達していると考えられるため、小規模企業共済の加入資格があります。ただし、Eさんはサラリーマンでもあるため、加入できない可能性もあります。もし加入できない場合には、一年待って会社退職後に再度加入申請してください。

　掛金は最大で月額7万円であり、1年間では84万円を掛金として支払うことができます。もし、最大限の加入を行う場合には、84万円×限界税率が節税額になります。

　Eさんは、不動産所得（利益）が350万円で、仮に所得控除が100万円程度あると仮定すると、課税所得（税率をかける所得）は、450万円程度になりますので、結果として、限界税率は30％（所得税20％＋住民税10％）となります。

　よって、小規模企業共済への加入で節税となる金額は、1年間で84万円×30％＝25万2000円となります。

　なお、小規模企業共済は年齢制限がありませんのでEさんの年齢でも加入できますし、また、現在の事業を行っている限り何歳まででも加入し続けることができます。

　そして廃業時に、年金または一時金として受け取ることができます。万一、事業継続期間中に死亡された場合でも、遺族に共済金が支給されます。

2）年金繰下げ

　現在、アパートは満室、駐車場も満杯ということで、安定した収入が確保できているため、急いで年金をもらわずに、繰下げを行い、将来の年金を増やす方向で検討されてもよいかと思います。年金の受給を遅らせることにより、1か月遅らせるごとに0.7%加算した年金を受給できるようになります。

　Eさんは、会社員であったことから、老齢基礎年金と老齢厚生年金の2つの年金を受給できる見込みですが、年金の繰下げはいずれか一方だけでもできますし、双方の年金を繰下げることも可能です。なお、繰下げは原則1か月単位で行うことができますが、65歳になってから最初の1年間は1年未満の期間での繰下げはできず、66歳以降75歳までは1か月単位での繰下げが可能です。

　また、繰下げをするかどうかにつき迷われている場合には、とりあえず年金の請求を行わない状態で何もしないでいる場合には、最大5年間さかのぼって繰下げをしない場合の年金を一括で受け取ることもできますし、その時点から繰下げを行い、5年分で42%増の年金を受け取ることもできます。

　個人差があり一概には言えませんが、70歳を過ぎてくると死亡リスクも高まり、また、年金未請求の状態で死亡した場合には、未請求の年金は最大5年分までしか請求できなくなりますので、70歳の誕生日までに、繰下げを行うかどうかを決めていただくのがよいと思います。

40歳（男性）、夫婦の年収1250万円（自身は700万円、配偶者年収550万円）子供1人（中1）、現在は3世帯同居だが、夫婦＋子供が住む家の購入予定あり

節税事例 住宅ローン控除（ペアローン）

Ｆさんは、民間企業のサラリーマンで、配偶者（妻）が地方公務員として働いているため、子供の面倒を見てもらうことと、家賃の節約のため、妻の実家に同居していましたが、住宅ローンの頭金に充てるお金も貯金できたため、マイホームの購入を検討しています。

このたび、5000万円の中古住宅（認定長期優良住宅）を購入することとなり、うち1000万円を自己資金で賄い、4000万円の住宅ローン（当初半年元金返済据え置きの35年返済）を組む予定です。2024年12月までに、住宅を購入し、引っ越しする予定です（2024年8月現在）。

Ｆさんへのアドバイス

1）単独の住宅ローン控除

Ｆさんが中古住宅を購入して住宅ローン控除を受けることができれば、いくらぐらい節税ができるでしょうか。

Ｆさんは4000万円の住宅ローンを組む予定になっています。もし新築住宅の購入で認定住宅に該当する場合には、住宅ロー

ン残高で最大5000万円に対する住宅ローン控除を13年間受けることができますが、Ｆさんのケースでは中古住宅であるため、最大3000万円の住宅ローン残高に対する住宅ローン控除を10年間受けることができるという取り扱いになります。

　したがって、住宅購入初年度の節税金額としては、3000万円 × 0.7% ＝ 21万円となります。

２）ペアローンによる住宅ローン控除

　各大手銀行では、ペアローンという住宅ローンを提供しています。これは、夫婦または親子など２人が互いに主債務者となり、かつ、相手の債務の連帯保証をしながら、住宅ローンを組む方法です。

　今回のＦさんのように、単独で住宅ローン控除を組む方法に比べて、ペアローンを組むことにより、住宅ローン控除の適用範囲の拡大ができます。

　例えば、今回ペアローンを組み、Ｆさんが3000万円の住宅ローン、Ｆさんの妻が1000万円の住宅ローン控除を組むことにより、ＦさんとＦさんの妻の両方で、総額4000万円分の住宅ローン控除が適用できます。したがって、ペアローンを組んだ場合の購入初年度の節税額は以下のようになります。

　Ｆさんの節税額：3000万円×0.7%＝21万円
　Ｆさんの妻の節税額：1000万円×0.7%＝７万円
　世帯合算の節税額：21万円＋７万円＝28万円

　ペアローンと似た住宅ローンの方法に、「収入合算」の住宅ローンがありますが、これは住宅ローンを受けようとする人の

収入が十分でなく、希望金額のローンを受けることが難しい場合に、配偶者の所得などを合算して、当該配偶者が連帯保証人となりローンを組む方法です。これは、ペアローンとは明らかに異なった方法です。収入合算の場合には、主債務者は一人だけで住宅ローン控除を受けることができるのも主債務者だけになります。ペアローンの場合には、主債務者が2人であり、両名がそれぞれ住宅ローン控除を受けることができます。

3）ペアローンを組む際の注意点

10年間の効果を考えること

Ｆさんのケースで考えてみましょう。

単独で4000万円の住宅ローンを35年ローンで組んだ場合には、おそらく最初の10年間は、住宅ローン残高が3000万円を切ることはないと考えられます。したがって、今後10年間は年間21万円の節税効果が期待できます。

一方、ペアローンを行った場合にはどうでしょうか。最初の年から住宅ローン控除は4000万円に対して適用できていますが、2年目以降は元本の返済が始まっていますから、住宅ローン残高は確実に減少していきます。したがって、初年度28万円であった節税効果についても、少しずつ減少していき単独で住宅ローンを組んだ場合との差額は年ごとに縮小していきます。ただし、その効果が逆転することはありませんので、ペアローンのほうが有利であることに変わりはありません。

また、Ｆさんの場合には、お子さんが中学生であることから、今からお子さんがさらに生まれる可能性は少ないですが、新婚夫婦がペアローンを組んで住宅ローン控除をダブルで受けたと

しても、お子さんができた場合には、妻は会社を辞める可能性があり、そうなると、それ以降は妻の所得がゼロになり、住宅ローン控除が受けられなくなる可能性があります（住宅ローン控除は、所得が発生し税金を支払っている人にしか適用されません）。

ペアローンの要件確認

ペアローンを行うためには次のような前提条件を満たしている必要があります。

①住宅の名義を夫婦共有名義にすること
②夫婦ともに安定した給与所得等があること
③夫婦互いに相手方の連帯保証人になること

団体信用生命保険（団信）

ペアローンを組んだ場合には、夫婦それぞれが、借入債務に応じて団信に加入し、ローンの返済途中で死亡した場合には、生命保険により保険会社から住宅ローンの残債務が一括返済されます。ただし、返済されるのは、原則として死亡した方に対応する残債務のみになりますので、もう一方の住宅ローン債務は引き続き返済義務が生じますので注意が必要です。

ただし、一部の銀行（PayPay銀行、みずほ銀行など）では、上記のリスクを軽減するため、団信の上乗せ金利を負担することにより団信の拡充を行い、一方の死亡によりもう一方の残債務もゼロになるタイプのペアローンを発売しています。

夫婦関係の破綻の可能性

　ペアローンを組んでいる夫婦の関係が悪くなり、離婚や別居になって、一方が出ていった場合には、出ていったほうの人は住宅ローン控除の対象となる住宅に住んでいないことから、住宅ローンの返済義務は残りますが、住宅ローン控除の適用は受けられないことになります。

49歳（男性）、年収2040万円（妻は専業主婦）外資系金融勤務、子供1人（社会人）

節税事例 ふるさと納税

> Gさんは、外資系金融機関に勤めるサラリーマンですが、最近友人からふるさと納税を勧められ、インターネットで調べてみたところ寄付できる限度額は約57万円となりました。Gさんは、今年自らが被保険者となっている生命保険の満期を迎えることになっており、一時金として500万円を受け取る予定です（当該満期保険金を受け取るために過去に支払った掛金の総額は460万円です）。

Gさんの年収に応じたふるさと納税の限度額を調べてみたところ、確かに57万円までの寄付をしていただいても、実質2000円の支出で、各自治体からのお礼の品を実質無料でもらえることになります。

ただし一つ注意点があります。お礼の品としてもらった商品などについては、一時所得として課税の対象になるということです。

では、Gさんのケースで、年間57万円のふるさと納税を行った場合の一時所得がいくらになるかを計算してみましょう。

57万円の寄付を行って返礼品を受け取った場合、原則として

は各返礼品の時価を求めて、集計することになります。総務省のガイドラインがあり、各自治体の提供するお礼の品は寄付金の金額に対して、3割程度までとされているため、寄付金の額に30％を乗じて計算することが可能です。ただし原則は、各返礼品ごとに時価の算定を行う必要があるため、明らかに3割を超えていそうな返礼品があった場合には、その自治体に問い合わせるなどして個別調査のうえ集計してください。ここでは概算で57万円×30％＝17万円としておきます。

　Gさんにとって、ふるさと納税を行った年度に、その他の一時所得として、満期生命保険金の受け取りがありますのでそれらを合算することになります。

500万円－460万円＝40万円……生命保険金の一時所得
（（17万円＋40万円）－50万円）×2分の1＝3万5000円
……課税対象の一時所得

　一時所得は総合課税となりますので、3万5000円にGさんの限界税率である43％をかけると、Gさんがふるさと納税を行ったことによる追加の（所得税＋住民税）が算出できます。すなわち3万5000円×43％＝1万5050円となります。

　以上のことから、Gさんはふるさと納税を行ったことにより、17万円相当の返礼品を獲得しましたが、追加的税金が1万5000円発生することになります。

　よって、Gさんが、このふるさと納税によって得をした金額は、17万円－2000円－1万5000円＝15万3000円となります。

では、Gさんが一時所得の申告をしなくてよい程度のふるさと納税をした場合はどうでしょうか。

　Gさんにとって、57万円がふるさと納税による寄付の限度額のため、一時所得の金額が合計50万円を超えないように、寄付金額を57万円よりも少なくすることも可能です。

　生命保険の満期による一時所得が40万円ありますから、一時所得の合計を50万円以下にするためには、返礼品の時価を10万円までにすれば、50万円控除前の一時所得の金額が50万円以下になります。この場合、一時所得の計算式から、一時所得の金額がゼロ円になることがわかります。

　上記のことから、ふるさと納税する金額を、33万3000円までにすれば、その30%の金額が9万9900円となり、10万円以下になります。

　結果として、Gさんが一時所得の申告をしないようにわざと少なめにふるさと納税をした場合に、Gさんが得をする金額は、9万9900円－2000円＝9万7900円となります。

　以上をまとめると、Gさんのケースでは限度額いっぱいまでふるさと納税をして一時所得の申告をする場合は15万3000円の得、ふるさと納税の寄付金額を調整して一時所得の申告をしなくてよい場合には9万7900円の得となり、一時所得を申告するようになったとしても、一時所得のことは気にせずに目いっぱいの金額につき、ふるさと納税するほうが得という結果になりました。

　なお、Gさんは年収2000万円を超えているため、一時所得の申告義務の有無にかかわらず、確定申告義務があります。

64歳（男性）、年収1000万円
（給与年収800万円、不動産貸付収入200万円）
妻（59歳）は専業主婦、子供2人は社会人

節税事例 加給年金の受給＋老齢基礎年金の繰下げ

　Hさんは、現在64歳で、65歳の誕生日の月で定年退職する予定です。Hさんは、会社の再雇用制度を利用し、定年退職後も1年単位の契約社員として引き続き同じ会社に勤務する予定で会社との合意も取れています。収入は、定年退職以降は年収で480万円程度に下がる予定です。

　Hさんは、65歳から年金の受給権が発生することになり、老齢基礎年金が年間で約80万円、老齢厚生年金は年間で約150万円受給できる見込みですが、65歳以降平均して月額40万円ほどの給与を受け取れることと、年間200万円ほどの家賃収入があるため、年金についてはすぐに受給を開始せず、繰下げをしようと考えています。

　また、Hさんは、自分なりに年金についても本を読んだりして調べた結果、在職老齢年金の制度により老齢厚生年金については、65歳から受給を開始しても、会社から給料をもらっていることから、年金の一部をカットされることがわかったため、そのことからも年金を繰下げ受給することを考えています。

Hさんへのアドバイス

Hさんが考えておられるように、在職老齢年金の制度により、65歳から老齢厚生年金の受給を開始しても、年金の一部がカットされる見込みです。

また、65歳を迎えても、しばらくの間は食べていくのに十分な収入が確保できているため、すぐに年金を受給せずに繰下げ受給したいという、基本的な考えは間違ってはいません。

しかし、結論から言えば、アドバイスとしては老齢基礎年金のみを繰下げし、老齢厚生年金は65歳から受給を開始されることをお勧めします。

その理由は、おそらくHさんは加給年金の受け取りを考慮されていないと思われるからです。Hさんの場合、扶養親族となっている5歳年下の奥様がいるため、Hさんが老齢厚生年金を受け取る際に、加給年金として年間約40万円を追加的な年金として受け取ることができる権利を持っていると思われます。

この加給年金は、老齢厚生年金を受け取る場合に、一定の条件に該当する方が追加で受給できる年金となります。Hさんの場合、ご自身が65歳になって老齢厚生年金を受け取る場合に受け取ることができ、奥様が65歳になるまで約5年間毎年受け取ることができます（繰下げをすることにして年金を受け取らない場合には、その期間に対応する加給年金は支給されません）。

なお、加給年金の金額は、在職老齢年金の計算をする際の年金の基本月額に含める必要はありません。また在職老齢年金で年金の一部がカットされた場合であっても、老齢厚生年金が全額カットにならない限り、加給年金は全額支給されます。

それでは、具体的な数字を使いながらもう少し詳しく見ていきましょう。

1）Hさんの在職老齢年金の試算

　Hさんの在職老齢年金の制度でカットされて支給される年金額は次の計算式で算定できます。

年金基本月額－（総報酬月額相当額＋年金基本月額－50万円）÷2

　Hさんの老齢厚生年金の基本月額は、150万円÷12＝12万5000円です。よって、Hさんのカットされる年金額は、（40万円＋12万5000円－50万円（注1））÷2＝1万2500円
　となります。

（注1）この50万円は、2024年8月現在の金額であり、将来変更される場合があります。

　すなわち、Hさんの場合には、老齢厚生年金の受給を開始した場合、本来であれば、月額12万5000円の老齢厚生年金が月額1万2500円カットされて、月額11万2500円の支給になります。なお、この金額とは別に、月額3万円余りの加給年金が加算され支給されます。

2）在職老齢年金と年金の繰下げ受給の関係

　もう1点、Hさんが誤解をされていると思われる部分があ

るので説明します。

　年金の繰下げ受給をした場合には、年金を受給しないのであるから、当然に在職老齢年金の制度は適用されず、したがって繰下げ受給をすることにより、65歳から本来もらえる年金に１か月当たり0.7%の増額率をかけた金額が将来受給できることになる、と思われているようですが、それは少し違います。

　Ｈさんの場合で考えると、仮に２年間繰下げ受給をして、67歳から年金を増額してもらうと仮定しましょう。その場合、Ｈさんの試算では、本来の16.8%増の年金を受給できると思われているようですが、実際には増額率は16.8%よりも低くなります。

　もし、在職老齢年金制度によって受給する年金が減額される場合には、当該減額された部分に対応する繰下げによる増額は行われない仕組みになっているからです。

　したがって、仮に、月額給与が非常に高くて在職老齢年金により年金支給がゼロになるような場合には、繰下げをしたとしても、繰下げによる増額は一切行われません。

　この仕組みを、図であらわしたものが図表５－１になります。

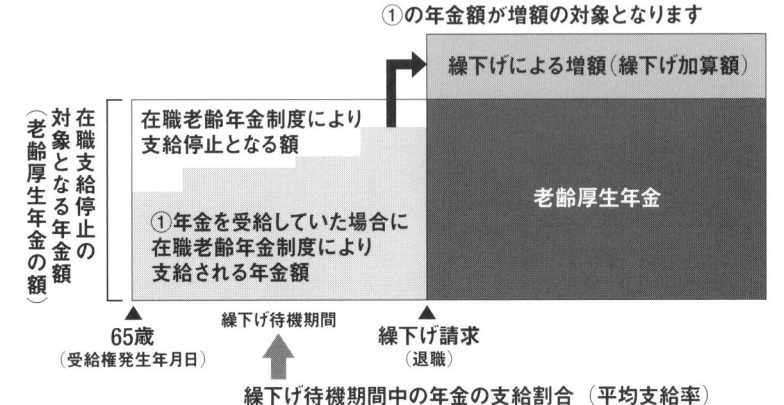

①の年金額が増額の対象となります

繰下げによる増額（繰下げ加算額）

在職老齢年金制度により
支給停止となる額

老齢厚生年金

①年金を受給していた場合に
在職老齢年金制度により
支給される年金額

在職支給停止の対象となる年金額
（老齢厚生年金の額）

65歳
（受給権発生年月日）

繰下げ待機期間

繰下げ請求
（退職）

繰下げ待機期間中の年金の支給割合（平均支給率）
によって加算額が計算されます。

具体的には、繰下げ加算額に平均支給率を乗じることにより計算します。

平均支給率＝月単位での支給率の合計÷繰下げ待機期間

月単位での支給率＝1－（在職支給停止額÷65歳時の老齢厚生（退職共済）年金額）

出所：日本年金機構「年金の繰下げ受給」

59歳（女性）、年収600万円、夫（65歳）と二人暮らし 夫は年金収入200万円

節税事例 失業手当、高年齢雇用継続給付

Ｉさんは、あと数か月で60歳になるため、大学卒業以来継続して勤務している現在の会社を定年退職することになっています。幸い、現在の取引先であるＢ社から「当社に来ないか」との声掛けがありましたが、月給30万円、ボーナスなしの条件になり、現在の収入よりも大幅に下がります。

いったん定年退職後、半年ほど失業手当をもらいながら、今後の進路について少し考える時間を持ったうえで、条件のよい勤務先がなければＢ社に就職しようと考えています。

また、Ｉさんは、いくらぐらい失業手当を受け取ることができるかにつき疑問を持っています。

※Ｉさんは2025年３月10日に60歳の誕生日を迎えるものとします。

1）失業手当

まず、Ｉさんが失業手当をいくらぐらいもらえるか確認してみましょう。

失業手当は、離職時の年齢、給与、離職前の雇用保険への加入期間（被保険者期間）、退職理由などにより、もらえる日数や金額が変わってきます。

Ｉさんの場合には、離職直前の年収が600万円、勤続20年以

上ですので、失業手当は月額約20万円受給できて、最大５か月間（150日間）もらえます。

　Ｉさんが、最大限失業手当をもらえるとするとその金額は、20万円×５＝約100万円となります。なお、失業手当には所得税・住民税はかかりません。

２）高年齢雇用継続給付

　社会全体として定年の年齢が引き上がってきており、60歳を超えても働く人の割合は増加傾向にあります。

　一方、60歳を定年として定めている会社は、再雇用制度を導入し、いったん退職扱いとして、その後１年契約で勤務するといった形態をとっている場合、60歳以降で給与が大幅に下がることもあります。このような方々を国としてサポートするための制度が高年齢雇用継続給付の制度です。

　この制度は大企業の方は結構活用されていますが、中小企業の場合には、会社の人事部ですら知らなかったということがあり、本来申請すれば受給できる給付金を受給していなかったといったケースも結構存在します。条件にもよりますが、金額的に結構高額の給付額になることもあるため、60歳以降に給与が減額になった方々は、要チェックです。

　高年齢雇用継続給付には、①高年齢雇用継続基本給付金と②高年齢再就職給付金の２つの制度があります。いずれの給付金を受給する場合にも、雇用保険の被保険者期間が継続して５年以上あることが必要です。以下、それぞれにつき見ていきます。

① 高年齢雇用継続基本給付金

　この給付金は、60歳になる直前の給与水準と比較して、４

分の1（25％）以上給与が下がった場合に支給される給付金です。どの程度給与が下がったかにより、給付金の計算は複雑な計算式になっています。給与の下落率が39％を上回る場合には、現状の月額給与額に約15％を乗じた金額が給付金として支給されることになります。

Ｉさんのケースについて、もしＩさんに高年齢雇用継続基本給付金が支給される場合には、60歳以降の給与は、従来の月額50万円から月額30万円に下がります。これは40％の下落率になりますので、30万円×15％＝４万5000円の給付金を受けることができます。この給付金は65歳になるまで受けることができるため最大60か月受給できます。よってＩさんがこの給付金の適用を受けることができる最大金額は、４万5000円×60か月＝270万円となります。

ここで一つ注意点があります。高年齢雇用継続基本給付金は、60歳で退職した際に失業手当を１日分でももらった場合にはこの制度の適用はありません。したがって、Ｉさんがこの給付金を受給しようと予定されている場合には、失業手当はあきらめていただく必要があります。失業手当をもらっていなければ、数か月後に次の転職先に雇用され、給与が大幅に減額になったときに高年齢雇用継続基本給付金を受給することができます。

② 高年齢再就職給付金

この給付金は、いったん退職して失業手当を受けた者が、60歳以降に安定した職業に就いた場合に、60歳になる直前の給与水準と比較して、４分の１（25％）以上給与が下がった場合に支給される給付金です。

高年齢再就職給付金の支給要件は、高年齢雇用継続基本給付

金と支給要件が似ていますが、高年齢再就職給付金は、失業手当を受け取っているという点で、高年齢雇用継続基本給付金とは異なります。また、この給付独自の要件として、60歳を超えて安定した職業に就いた日において、失業手当（基本手当）の支給残日数が100日以上あることが必要です。

　これを、Ｉさんのケースについて当てはめてみると、失業手当の最大給付日数は150日（５か月分）となりますから、もしＩさんが５か月分の失業手当を受給後に再就職した場合にはこの給付金の対象にはなりません。

　仮に、１か月（30日）分の失業手当を受給後に再就職した場合には支給残日数が120日であり、100日を超えているため、高年齢再就職給付金を受給することができます。

　失業手当の支給残日数が100日以上200日未満の場合には、最大１年分の高年齢再就職給付金を受給することができます。１か月当たりの高年齢再就職給付金の算定方法は、高年齢雇用継続基本給付金と同じですので、Ｉさんは月額４万5000円を最大１年分受給することができ、その金額は４万5000円×12＝54万円となります。

　なお参考情報として、再就職した時点での失業手当の支給残日数が200日以上の場合には、最大２年間、給付金が支給されます。

　Ｉさんは、現在、失業保険をもらいながら少しゆっくり考えて、適当な就職先が見つからない場合にはＩ社に就職しようとしています。結論から言えば、現状のＩさんの考えは最適ではないかもしれません。その理由は次の通りです。

理由1

　体力もまだまだあり若いつもりでも、60歳を過ぎると再就職にはそれなりのハードルがあります。したがって、のんびりしている間に年齢は増えていき、就職は年々難しくなっていきます。したがって、B社から声がかかっている間に、早めにB社に入るというのも一つの考え方です。

　B社はこれまで勤めていた会社の取引先でもあり、Iさんの力量もわかったうえでお誘いが来ているのであり、就職後のミスマッチ、すなわち、会社側にとっても、Iさんにとっても、「こんなはずではなかった」といった状況が生じにくいと考えられます。

　数か月のんびり考えている間に、B社のほうでも事情が変わり、就職が難しくなる可能性もありますので、声がかかったときがよいチャンスととらえるのも一つの考え方です。

理由2

　給付金の金銭面から見てみましょう。

①最大限の失業給付を受けた場合

　Iさんは、失業給付を受けた場合には、最大150日（5か月分）の失業給付を受けることができます。1か月約20万円の失業給付となるため、最大で約100万円を受け取ることができます。なお、失業給付は非課税であり、所得税・住民税はかかりません。また、当然のことですが、失業手当を受給している期間は、給与収入はゼロです。

②1か月失業給付を受けてB社に就職した場合

1か月の失業給付を受けたのちに、B社に就職した場合には120日分の失業手当が未支給の状態で残っているため、Iさんは、高年齢再就職給付金の受給権があると思われます。また、60歳直前の給与と比較して、B社での給与の下落率は40％ですから、Iさんは月額30万円×15％＝45,000円の高年齢再就職給付金を、最大1年間にわたり受け取ることができます。1年分もらったと仮定すると54万円となります。

　よってこのケースでは、もらった給付金の合計は失業手当20万円と高年齢再就職給付金54万円の合計である74万円を受け取ることになります。

　合計の給付金は74万円となり、①の場合の100万円よりも少なくなりますが、②の場合には①に比べて4か月早く働き始めますから、給与所得（月額30万円）も考慮すると30万円×4か月＝120万円を稼いでいることになるため、トータル現金収入としては①よりも②のほうが多くなります。

　なお、高年齢再就職給付金は非課税扱いであり、所得税・住民税等は課税されません。

③失業給付を受けずにB社に就職した場合

　失業手当を申請せず、すぐにB社に就職した場合には、Iさんは、高年齢雇用継続基本給付金を受けることができます。

　この給付金は、月額4万5000円の給付を通常の給与とは別に最大5年間にわたり受け取ることができます。5年間60か月の給付金総額は、最大で4万5000円×60か月＝270万円となります。通常の給与に加えてこの金額が支給されるため、①、②のケースと比べても有利であることがわかります。

　なお、仮にIさんが失業手当の申請をせずに単に2、3か月

ゆっくり期間をおいて、B社に就職した場合であっても、受給開始のタイミングは遅れますが、高年齢雇用継続基本給付金は支給されます。高年齢雇用継続基本給付金も非課税であり、所得税・住民税は課税されません。

　以上のことから、60歳を超えた方で、失業手当をとりあえず申請しようと考えていても、近い将来給与減額した状態で再就職できる見込みがあるときは、今回のIさんのように失業手当を申請しないほうが有利になることがあるため注意が必要です。
　なお、2025年4月以降、雇用保険法の改正により、改正適用対象となる人の高年齢雇用継続給付の金額が縮小されます（第5章章末コラム参照）。

雇用保険法の改正（予定）

　今後予定されている雇用保険法の改正事項について、多くの人に影響があると思われる3点について解説します。

・高年齢雇用継続給付の縮小（施行予定：2025年4月1日）

　現状では、高年齢雇用継続給付（高年齢雇用継続基本給付金、高年齢再就職給付金）の支給金額は、最大で対象者の現状の月額給与の15％を支給するというものですが、2025年4月1日以降は、支給金額が最大で10％に縮小されます。支給率以外の条件は現状のままです。

　また、今回の縮小の後、いつになるかは未定ですが、高年齢雇用継続給付は、段階的に廃止の方向性が決まっています。

　注意点としては、2025年4月1日以降に初めて60歳になった人から改正法が適用されます。誕生日で言えば、昭和40年4月2日以降生まれの方は現状と比較して給付金額縮小となります。逆に2025年4月1日以前生まれの人で高年齢雇用継続給付の対象になる人は、2025年4月以降に受給する場合であっても支給要件に該当していれば、現状と同じ（最大15％）の給付を受けることができます。

・失業手当をもらいやすくなる改正（施行予定：2025年4月1日）

　2025年3月以前は、自己都合退職で失業手当をもらう場合には給付制限期間というものがあり、会社を辞めてから2か月間は、失業手当をもらえない期間となっていましたが、2025年4月以降については、この給付制限期間が1カ月となりました。さらに、雇用保険の被保険者であった者が、離職日1年以内または離職期間中に自ら教育訓練を行った場合には、給付制限が解除され、1カ月待たずに失業手当を受給できるようになります。

　ただし、過去5年間で3回以上自己都合退職をした場合には、給付制限は3か月となります（これは、改正前も改正後も同じです）。

・雇用保険の加入対象者の拡大（施行予定：2028年4月1日）

　雇用保険に加入するパート・アルバイトの範囲が拡大されます。従来（2028年3月以前）は、週20時間以上勤務する人が雇用保険の対象となっていましたが、2028年4月1日以降は、週10時間以上勤務する人が、雇用保険の対象になります。この改正により新たに雇用保険の被保険者になる人は、日本全国で最大500万人程度と言われていますので、かなり大きなインパクトがある改正になります。

　雇用保険も、他の社会保険と同様、会社側と従業員それぞれが保険料を負担することになりますが、健康保険や厚生年金と比べて、低率になりますので負担金額としてはそれほどでもありません。2024年8月現在の雇用保険料率は、一般の事業の場合、15.5/1000となっており、そのうち、6/1000が労働者

負担、9.5/1000が事業主負担となります。

　例えば、月額給与10万円の給与の人であれば、天引きされる雇用保険料は、600円になります（事業主負担は950円）。

〈著者紹介〉

金﨑定男 （かねざき・さだお）

関西大学商学部卒業、米国 Wright State 大学経営学修士（MBA）。公認会計士、税理士、社会保険労務士。

青山監査法人（現：PwC Japan 有限責任監査法人）、株式会社ビジネスブレイン太田昭和を経て、1991 年 4 月に独立開業。現在、AIC 株式会社、AIC 税理士法人、AIC 社会保険労務士法人の統括代表。

約 20 年前から延べ 2000 件以上のサラリーマンの確定申告代行サービスを通じて、多くの還付申告を手掛け、高額所得のサラリーマンへの税務調査の対応なども行っている。

AIC 税理士法人

税務調査に強い税理士法人として、大阪、東京に事務所がある。中小法人向け税務会計、サラリーマンの確定申告や外資系企業の税務会計支援を得意としている。

https://www.aictax.com

会社が教えてくれないサラリーマンの税金の基本

2024 年 12 月 10 日　初版第 1 刷発行

著　者──金﨑 定男　　　　　©2024 AIC, Inc

発行者──張 士洛

発行所──日本能率協会マネジメントセンター

〒103-6009 東京都中央区日本橋 2-7-1　東京日本橋タワー

TEL 03（6362）4339（編集）／03（6362）4558（販売）

FAX 03（3272）8127（編集・販売）

https://www.jmam.co.jp/

装　　　丁──株式会社 aozora

本文デザイン──株式会社 aozora

Ｄ　Ｔ　Ｐ──株式会社キャップス

印　刷　所──三松堂株式会社

製　本　所──三松堂株式会社

ISBN 978-4-8005-9274-3　C2034

落丁・乱丁はおとりかえします。

PRINTED IN JAPAN